NORGE - RIKEST I VERDEN

Eller bare uhorvelig mange avgifter og forbud?

Per Mostuen Johansen

FSC
www.fsc.org
MIX
Papper från
ansvarsfulla källor
Paper from
responsible sources
FSC® C105338

Salg: www.adlibris.no
Kontakt: doktie@yahoo.com
Trykk og forlag: BoD
ISBN: 978-91-7463-628-4

Dette å være norsk

Hva utmerker et folk? Hvordan ser vi på oss selv som nordmenn? Vi vet at vi er glade i å gå på tur. Spesielt på ski. Vi har veldig god økonomi og vi spiser gjerne brødskiver til lunsj. Når vi går i fjellet fråtser vi i kvikklunsj og appelsin. Vi er verdensbeste i idrett. I hvert fall i de idrettene som vises på norsk fjernsyn. I hvert fall i vintersport. I hvert fall i langrenn. I hvert fall hvis smøringen er god. Stort sett har hver nordmann tilgang til en hytte på fjellet. Og en hytte ved sjøen. Ikke alle kjenner igjen seg i en slik generalisering, men ganske mange gjør det nok. I 2011 sendte NRK live fra Hurtigruten. En vanvittig kjedelig sending som varte i over 5 døgn. Non stop. Det var bare det at Ola og Kari ikke syntes sendingen var kjedelig. Flere millioner nordmenn var inne og så M/S Nord-Norges ferd langs kysten. Forbausende kanskje, men helt åpenbart oppleves Hurtigruten som noe vakkert, bra og veldig, veldig norsk. Noe å være stolt over, simpelthen.

Når det kommer kritikk mot det norske, når noen er frekk og sier at vi gir Nobelprisen til feil person, at vi lever av miljøforurensende olje, eller at vi slår ihjel søte små seler, da slår vi fra oss og er hårsåre. Det liker vi ikke å høre. Det er viktig for et lite og ubetydelig land å få positive tilbakemeldinger fra omverdenen. Selvsagt er olje forurensende, men poenget er at verden trenger olje og at vi er gode til å pumpe den opp. Det inngår også i det å være norsk. Å forsvare landet sitt og være stolt over det. Ikke noe rart med det egentlig. Det gjør de fleste folk og land.

I denne boken skal vi se nærmere på en del av de faktorene som kjennetegner oss nordmenn og norske tradisjoner. Vi bryr oss ikke så mye om de forskjellige fylkenes bunader, 17. mai-feiring eller klassifisering av de beste turområdene. I stedet skal vi se på andre områder der vi nordmenn utmerker oss, nemlig økonomi, avgifter og forbudsmentalitet. Norge er kjent for sine store oljeinntekter og dermed gode økonomi, samtidig som innbyggerne likevel betaler blant verdens høyeste skatter og avgifter. Dessuten finnes det en lang tradisjon med å pålegge innbyggerne diverse forbud, som både virker å ha gått ut på dato, og i en del tilfeller kan være ganske latterlige.

Dette er interessante ting. Dels for å få oversikt over hvordan virkeligheten ser ut og kanskje også for å urfordre inngrodde forestillinger. Selv om økonomi er et ganske konkret område, mens forbudsmentalitet kan sees som mer filosofisk, finnes det mange felles trekk. Både norsk avgiftstradisjon og forbudsmentalitet er sannsynligvis sprunget ut av gamle tradisjoner og kan neppe forandres over natten. Selv om mye av det, tilsynelatende har sitt opphav i solid sosialdemokratisk politikk, sitter ofte tradisjonene betydelig dypere enn som så.

Staten, kapitalet og Ola

Vi skal også gå et steg lenger og se på noe annet som kanskje vanligvis ikke regnes som et nasjonalt kjennetrekk. Nemlig Ola Nordmanns forhold til staten. Den norske stat. For nordmenn, og også for en del andre skandinaver og europeere, regnes staten oftest som noe positivt. Staten blir sett på som en maktfaktor, men også som en snill og raus faktor, som folk flest har nytte av. De skatter og avgifter som betales inn til staten kommer som regel tilbake til innbetaleren i forandret form, for eksempel sykehus, skoler og veier. Slikt kan man jo ikke klage på! Hvis man går litt lenger og blir litt frekkere, kan man si at det ikke er mye som kan få Ola Nordmann opprørt når det kommer til ting som staten foretar seg. Han er som regel positiv til det meste. På grensen til servil kanskje? I diverse undersøkelser er nordmenn flest positive til tjenestene som staten yter. Bibliotekene, helsevesenet, Vinmonopolet og til og med veistandarden, får alle høy score i undersøkelser. Helt i bunn ligger Plan- og bygningsetaten og NAV. Hvis man ser litt mer nøyaktig på ting, kan man selvfølgelig finne nokså mange nordmenn som er misfornøyde med litt av hvert, men stort sett mener vi at vi har det bra, og at vi nesten burde skamme oss over å klage. Vi som bor i verdens beste og rikeste land.

De samme positive holdningene gjelder ofte for de avgifter, reguleringer og forbud som staten pålegger oss innbyggere. Vi er egentlig ganske stolte av våre avgifter og forbud. Det er jo i grunnen gode ting, som vi liker og ikke gjerne vil være foruten. Staten har funnet ut at innskrenkningene må til for å gjøre livet bedre for deg og meg. Eksperter med utdannelse og lang erfaring har kommet fram til at dette er fine greier. Et forbud mot proffboksing kan enkelt motiveres med at det faktisk er dokumentert farlig. Man kan til og med dø. Nyttårsraketter er også farlige - for enkelte. Derfor er det en god idé med forbud. Folk flest slutter opp om både forurensende olje, høye avgifter og forbud fordi at det i grunnen er gode ting der hensikten er å gjøre livet bedre for folk flest. Vi er kanskje litt sære, vi nordmenn, men på en hyggelig og logisk måte da. Dessuten vet vi at det er den norske stat som står bak. Det ser vi som en garanti for at dette er gode og gjennomtenkte ting.

En annen ting vi nordmenn er glade i, er å dra til Syden. I tillegg liker vi å kjøpe billig alkohol mens vi allikevel er der. Til tross for det, er vi likevel ganske enige i at vi i Norge må ha en restriktiv alkoholpolitikk som er betydelig strengere enn i alle andre land. Hvordan skulle det ellers gå? Folk, altså andre mennesker, ikke meg, ville drukket seg ihjel. Hvis ikke Vinmonopolet fantes ville vi jo ha mistet kontrollen. Det kunne blitt elleville tilstander, slik det er i Syden og i en rekke andre land. Vi er også ganske enige i at selv om flertallet av andre land bygger fine veier gjennom vanskelig fjellterreng, til og med uten å kreve inn bompenger, så er ikke dette veien å gå for oss i Norge. Vi har kanskje råd, men det går ikke likevel, av en eller annen grunn.

Du har sikkert hørt om folk som drar til grensen og Harryhandler. Kanskje har du til og med gjort det selv? Litt sånn da du trodde at ingen så deg. Men hvorfor skal det egentlig være nødvendig å dra utenlands for å handle billig? Har vi ikke blitt fortalt at vi har så høye lønninger i Norge at ingen egentlig trenger å se en ekstra gang på prislappen før han handler?

Eller hva sier vi til dette med økonomi? Samtidig som overskuddet fra oljeinntektene får oljefondet til å vokse med flere hundre milliarder kroner hvert år, har vi likevel ikke råd til å bygge veier og utbedre helsevesenet. Vi har ikke en gang råd til å arrangere OL i Oslo, selv om vi har tusenvis av milliarder oppspart i oljefondet. I tillegg er mange opptatt av at staten er avhengig av å få inn alle disse små inntektene her og der. Dokumentavgift, tobakksavgift og bompenger. Et par millioner her og noen milliarder der. AS Norge må gå rundt! Er det virkelig nødvendig å ha både høye oljeinntekter, høye skatter og høye avgifter? Både i pose og sekk. Smør og flesk.

Bli med på en reise blant skatter, avgifter, forbud og en og annen regulering. Men også på en reise som tar for seg av de store spørsmålene om Norges økonomi og Ola og Karis forhold til den norske stat.

Sitt still i båten, Brå!

Alle nordmenn husker Oddvar Brå. Han som brakk staven. En del husker også da Brå var ung og slo igjennom ved å vinne flere internasjonale renn. Kort tid senere mente den godeste Brå at det var tid for å se på hva skiløperne ute i Europa drev med. Han hadde skjønt at de hadde utviklet en ski av glassfiberplast som skulle være spesielt god på klisterføre og nullgraderføre. Turen til Østerrike ble så vellykket at Brå kom hjem med en skikontrakt i lomma. Moderne og pene glassfiberski. Nå så fremtiden lys ut for Brå. Trodde han. Da Moder Norge og Skiforbundet fikk nyss om hva som hadde skjedd, ble de ikke blide. Det var virkelig ikke lov å gå med utenlandske ski. Glassfiberski dessuten. For noe tull. Sitt still i båten, Brå! Ikke beveg deg!

Fortellingen er relevant for temaene i denne boken. Norge tviholdt på oppfattingen om at treski var framtiden. Det var ikke interessant å se på hva som foregikk i utlandet. Det kunne vel ikke være noe bedre enn de genuint norske treskiene som hadde fungert utmerket i flere hundre år? På VM i Falun 1974, gikk virkeligheten opp for skiforbundet. Det ble bløtføre og de veltrente nordmennene ble uten medalje i de rennene, selv om Myrmo tok hjem 15 km på treski i tørrvoksføre.

Gjennom tidene har nordmenn tviholdt på litt av hvert. Damer skal ikke gå skirenn, skøyting på ski er ikke bra, det skal ikke være fellesstart, farge-TV og skateboard skal vi ikke ha, og så videre. Denne boken er full av eksempler på skatter, avgifter, reguleringer og forbud, som Norge tviholder på. Kanskje imot bedre vitende.

Politikken

Høsten 2013 fikk Norge ny regjering. Etter åtte år med Stoltenbergs AP-regjering, tok Høyre og Fremskrittspartiet over makten. Var tanken da at det også skulle bli et skifte fra tradisjonell sosialdemokratisk venstrepolitikk til en mer liberal høyrepolitikk? Var det mange som forventet at det skulle bli store og omveltende forandringer? Sannsynligvis ikke. Folk flest forventet seg kanskje noen små skattelettelser og muligens litt konkurranseutsetting av kommunal virksomhet. Men i praksis ingenting som ville kullkaste Norges lange tradisjon med stor offentlig sektor som finansieres ved hjelp av høye skatter og avgifter. I alt et skifte av fysiske personer, som i motsetning til hva man gikk til valg på, sannsynligvis ville føre en politikk som var nok så lik den som den gamle regjeringen hadde ført i mange år. For å kunne endre politikken i et land der særinteresser har stor innflytelse kreves det nok praktisk handlingskraft og evne til å utfordre gamle sannheter, heller enn vilje til forståelse og tomme løfter om endring, uten egentlig å endre på noe i det hele tatt.

Da det regulerte landbruket i Norge hadde problemer med å få frem smør til julebaksten i 2011, var statsminister Jens raskt framme for å fortelle oss at ute i verden finnes det land der man har nokså mye smør, men også store finansielle problemer og arbeidsledighet. Det har vi ikke i Norge. Det er bare å velge. Lite smør og alt annet godt, eller mye smør og alt annet dårlig. Selvsagt prøvde statsministeren å vinne lette poenger her og tenkte ikke på at den logiske kausalsammenhengen mellom tilgangen på smør og økonomisk framgang ikke eksisterer. Men det var en nokså god historie - midt i smørøyet.

Selv om smørmangelen avdekket brister i det dyre, norske landbrukssystemet er det neppe noen som forventer seg at det vil skje avgjørende forandringer på det området heller. Og egentlig er det vel ikke så mange som ønsker det. Vi er stort sett fornøyde med dyr mat og dårlig utvalg. Hovedsaken er at vi har egen matproduksjon. Kan det være slik at vi er et folk som kan karakteriseres som lojalt mot statsmakten? En ganske så komfortabel og konfliktsky måte å forholde seg på. Vi er vel egentlig ganske fornøyde med politikken og politikerne. Derfor er det kanskje helt greit å ikke forandre på så veldig mye? Moro å se et eller annet nytt fjes på ministerpostene, men egentlig dumt å endre på et vinnende konsept, ikke sant? Bedre å sitte stille i båten. Vi har jo oljen og alt har gått bra hittil. Stort sett. Eller har det egentlig det? Kan det være slik at vi ikke helt tør å foreta en grundig analyse av politikken som føres, i tilfelle vi da ville finne ting vi faktisk ikke er fornøyde med, eller som ikke er sunt i et lengre perspektiv?

Lesermening

"Et nytt oljefunn verdt hundretalls milliarder vekker ingen glede eller optimisme i den jevne befolkning. Ingenting blir forandret. Vi har og får fortsatt krøtterstier til veier, dårlige

sykehus, nedslitte skoler osv. Pengene strekker ikke til, sier de glatt. For enslige, pensjonister, arbeidsledige og lavlønnsgrupper holder de skyhøye avgifter og gebyrer på å ta knekken på livskvaliteten. De som har gode jobber med drømmegasjer har ingen bekymringer, for dem er Norge kanskje verdens beste land og bo i. Avgifter og gebyrer er likt for alle, og er vel beregnet etter de høyre inntektene."

Dette leserinnlegget stod i en av Norges største aviser. Vi har nok hørt det samme mangen gang før. En fortelling om folk med lave inntekter som sliter med å få regnestykket til å gå opp. Tonen er anklagende. På grensen til ren syting, ikke sant? Fordi vi vet jo egentlig at Norge er verdens rikeste land og at de små avgiftene som staten innkrever, veldig enkelt kan betales, selv av de som har litt lavere lønn enn folk flest. Et typisk eksempel på et luksusproblem i et land der folk har fått det alt for bra. Eller ikke. Kan det likevel finnes noe substans her?

Norge sies jo å være et av verdens rikeste land. Kanskje til og med det aller rikeste. I hvert fall sier vi ofte det, hvis vi selv får lov å beskrive moderlandets finansielle status. Men hvis vi virkelig bor i verdens rikeste land, hvorfor er det da nødvendig å innkreve så høye skatter og avgifter fra folk flest? Akkurat det som den sutrende skribenten er så misfornøyd med. Jo, sier noen. Det er jo akkurat derfor vi er så rike. Fordi at vi har innkrevd masse skatt. Da får staten mye å rutte med, rett og slett. Senker vi skattene blir vi automatisk fattigere! Men, sier noen andre, det kan jo ikke være riktig. Hvis vi har høye lønninger, så trenger jo ikke staten å kreve inn like mye skatt. 35% av en høy lønn gir jo mer penger enn 35% av en lav lønn! Hvis ikke alle lønninger er statlige og kommunale, da.

Slik er det. Vi har høy BNP i Norge og høye lønninger. En viss skatteprosent i Norge burde gi større inntekter enn samme prosent i et land med lavere lønninger. Dessuten tar vi inn store avgifter på forbruk og som ekstra smør på flesket har vi ordentlig høye oljeinntekter. Derfor finnes det grunn til å tro at det finnes så store ressurser at det i stedet kunne bli snakk om lettelser. I hvert fall i liten utstrekning, til å begynne med. Det finnes det sikkert enkelte som er enige i, men det ser ut som om den norske stat er tydelig med at nordmenn flest vil bli nødt til å betale en ganske stor del av inntekten i skatt og avgift også i framtiden. Samtidig finnes det andre oljeland ute i verden der man ikke betaler skatt i det hele tatt, eller der man får lov å kjøpe subsidiert bensin, eller får gratis strøm og vann. Hvordan er det egentlig mulig? Kan man virkelig ha både lave skatter og fine velferdsgoder samtidig? Hva er kluet her?

Hvis vi tenker oss om, så vet vi også at flere kommuner sliter med å få fylt opp svømmebassenger og pusse opp nedslitte skoler. Dette med vei- og jernbanebygging er også et område der Norge ikke ligger i forkant. Hvordan er dette egentlig mulig i verdens rikeste land, der man i tillegg til store oljeinntekter har blant verdens høyeste skatter? Burde det ikke da finnes midler i all uendelighet?

Akkurat som skribenten ovenfor sier, klarer de som har høy lønn uten problem å betale avgiftene, men hvordan er det egentlig for de som kommer litt ved siden av? De som ikke har så høye lønninger og kanskje sliter litt når staten ønsker seg 100 000 i dokumentavgift bare fordi de trenger å kjøpe seg bolig. Vil det da bli noe forskjell hvis man finner enda mer olje, slik som skribenten sier? Sannsynligvis ikke. Det ligger nok ikke i kortene å gjøre noe store grep for å forbedre ting som trenger å forbedres eller å senke skatter og avgifter. De har nok kommet for å bli, uansett farge på regjering. Et eventuelt nytt oljefunn skal nok sees som en mulighet for Norge å fortsette i samme retning som før. Det vil si at olje vil forbli landets hovednæring ytterligere noen år. Ikke som en måte å forbedre kvaliteten i helsesektoren eller gi mer i lommeboken til de som eventuelt sliter, så i den forstand har skribenten helt rett. Det eneste resultatet av et nytt oljefunn vil sannsynligvis være at oljefondet blir enda et par hundre milliarder større. Det vil ikke komme folk flest til gode. Norge har mest sannsynlig høye skatter og avgifter av tradisjon– ikke fordi det er absolutt nødvendig. Så vidt vi vet. Vi får se om vi i denne boken kan kaste lys over noen av de mysterier som skribenten snakket om.

Litt mer om avgift og fordelingspolitikk

Vi dveler ved leserinnlegget ovenfor en stund til. Vi vet at den norske stat er glad i å ta inn skatter og avgifter, som enkelte, men langt ifra alle, opplever som slitsomme. Det gjelder for eksempel engangsavgift på bil, dokumentavgift ved kjøp av bolig og diverse veibommer. Dessuten kan vi legge til norsk landbrukspolitikk som gir Norge matpriser som ligger 86% over EU-gjennomsnittet. Nesten dobbel pris altså. Det er også uflaks at norske renter bestandig ligger over andre lands nivåer, noe som blant annet fører til høye kostnader for å bo. Alle disse kostnadene har en ting felles. Nemlig at de er vanskelige å unngå for det enkelte individet. Staten har vært smart nok til å gjøre de tingene dyre som er vanskelige å komme unna. I hvert fall uten avansert planlegging. Mat må vi ha. Bil er mange avhengige av. Som regel kjøper og selger vi bolig et par ganger i livet. Derfor kan staten bestandig regne med enkle og stabile inntekter. Hvert år. For all framtid!?

- Ja, hva så? Staten må jo ha inn sine penger. Spiller vel ikke noen rolle hvordan.

Jo, det gjør faktisk det. Ettersom staten har vært så lur at den har lagt store avgifter på ting som folk er avhengig av, så oppstår en del problemer. La oss si at vi normalt konsumerer 10 enheter av en vare. Plutselig legger staten en avgift på akkurat den varen som fører til at den blir dobbelt så dyr. Da har vi kanskje bare råd med 4 enheter. Hvis den avgiftsbelagte varen er veldig viktig for oss, kanskje vi likevel bestemmer oss for å betale avgiften og fortsetter å konsumere 10 stykker. For å få råd sparer vi på noe annet. Den som har høy inntekt påvirkes ikke like mye av den nye avgiften, men kan stort sett fortsette å konsumere som før, mens den som har lav inntekt i større grad må se over sin økonomi. Eller som personen i leserbidraget sier: "Avgiftsnivået er tilpasset de med høye inntekter." Det vil si at en god del basisvarer er så dyre i Norge at det relativt sett slår hardere til mot de som har lav inntekt.

Det er også slik det for eksempel fungerer med norske bilavgifter. La oss si at Ola Nordmann bestemmer seg for å kjøpe en Volvo V70 med ganske liten motor. Av bilens ca pris på 440 000 kroner, utgjør 270 000 bilens egentlige pris inklusive mva, imens resterende 170 000 er engangsavgift til staten. Engangsavgiften er så pass høy at den både forandrer konsumpsjonssmønsteret og skyver folk ut av markedet. En del går for billigere og eldre alternativer og andre avstår helt fra kjøp. Hvis vi sjekker diagrammet nedenfor, finner vi at Ola Østkant må punge ut med omlag 2/3 av en årslønn bare for å betale avgiften til staten, mens

Ola Vestkant som har stadig inntekt, lettere klarer å takle avgiftsinnbetalingen. Vi vet også at en tysker, polakk eller svenske helt slipper unna avgift i sine respektive land. Noe som også innebærer at de får betydelig større rom for konsumpsjon av både biler og andre varer, i motsetning til Ola som først må ut med en kraftig avgift før han kan tenke på å konsumere andre ting.

- Hvaså? Hvilken rolle spiller det? Staten må jo likevel ha inn sine penger, har vi jo sagt. Ellers går ikke Norge AS rundt. Selv om hensikten med avgiften ikke er å hindre fattige Ola Østkant fra å kjøpe bil, blir det nå slik om staten skal få inn sine penger. Ola Ø må vel bare sitte på med en kompis eller eventuelt kjøpe en bruktbil for 10 000. Den går så lenge den går. Eller hvorfor ikke å begynne å spare penger for en gangs skyld! Slik at avgiften kan betales.

Det finnes faktisk en løsning på problemet. Hvis staten nødvendigvis må ha inn sine 22 milliarder i engangsavgift hvert år, så hadde en idé vært å øke den vanlige inntektsskatten med et par promille. På den måten ville de 22 milliardene belaste hele befolkningen, i stedet for bare de som kjører bil. Fordelen ville være at bilinnkjøp ikke rammes av en veldig høy særavgift, men ble som en hvilken som helst annen vare Dermed ville også lavtlønnede få bedre sjanse til å kjøpe seg en grei bil. Dessuten ville biler på de norske veiene generelt bli nyere, sikrere og mindre forurensende. Disse argumentene biter selvsagt ikke på de som mener at bileiere godt kan betale ekstra for sitt forurensende og unødvendige fremkomstmiddel.

Problemet blir omtrent det samme med de høye norske matprisene. Ettersom mat er en nødvendig basisvare og vi dessuten vet at matprisene er 86% høyere i Norge sammenlignet med EU, så blir påkjenningen relativt sett større for folk med lav inntekt. De må først bruke en stor del av inntektene sine på dyre tollvernede matvarer før de kan begynne å konsumere rimeligere tollfrie varer. I andre land, er disse basisvarene billige, noe som fører til at folk med dårlig råd likevel kan holde høyere standard på bil og mat enn folk som har lav inntekt i rike Norge.

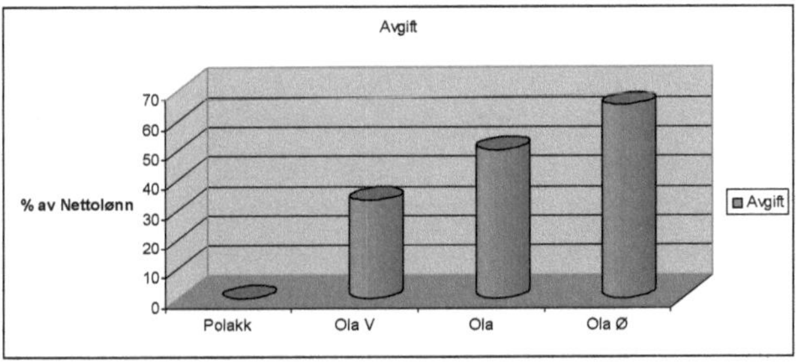

Generelt har staten en målsetting med skatter som går ut på at de skal medvirke til å utjevne inntektsforskjeller. I disse tilfellene blir det ikke slik. I stedet får folk med lave inntekter større påkjenning enn de med store inntekter. Problemet med at det norske systemet gjør det vanskelig for folk med lav inntekt, er lite diskutert. Det er sjeldent noen blir tatt på alvor hvis de klager over at de høye prisene på nødvendige basisvarer faktisk svelger en stor del av inntekten. Sannsynligvis kommer det av at folk med lav inntekt sjeldent har viktige posisjoner i samfunnet og derfor har vanskelig for å komme til tale og få ut sin mening. Dessuten kan man fort bli beskylt for å gå i grilldress, det vil si å være fremskrittspartist, hvis man ikke er solidarisk med de høye avgiftene.

Inntektsfordeling i Norge

I det forrige kapittelet var det mye snakk om fattigfolk. Finnes de i virkeligheten? Har du noensinne hørt om noen som er fattig eller har dårlig råd? Kanskje en eller annen knarker eller pensjonist, men neppe en vanlig nordmann. Folk flest bytter jo biler omtrent like ofte som de drar på langhelg til London eller New York. Og nye hytter bygger de i hytt og pine. Disse folka har i hvert fall ikke dårlig råd.

Slik kan det være. At middelklassen har bredt seg ut overalt og tar mer og mer plass. Både i serveringsstuene i marka, der de reserverer plass før de har stilt seg i kø for å kjøpe vaffel, men også i media. Skal vi være ærlige er det vel rett og slett middelklassens interesser som dekkes i både blader, aviser og TV-programmer. Det er jo også de som betaler. Verken fiffen eller underklassen gjøre seg besvær i noe større utstrekning.

Finnes de da å beskue, disse fattigfolka som verken har hytte eller eid bolig? Ja, i følge SSB befinner ca 10% av alle norske husholdninger seg i lavinntektsgruppen. Med lavinntekt menes det at husholdningen tjener opp til 60% av medianlønnen. Hvilke som regnes til lavinntektsgruppen kommer an på antall barn og om forsørgeren er enslig eller ikke. Hvis en enslig person skal regnes til lavinntekts-gruppen må han ikke tjene mer enn 185000 kr etter skatt.

SSB regner med at omlag en halv million mennesker i Norge tilhører lavinntektsgruppen. Noe fler hvis man regner studenter. Det er ikke så få egentlig. I tillegg kan man regne med at en del av de som tjener mellom 60 og 100% av medianlønnen kanskje heller ikke kan sies å ha kjempegod råd. Det er også det som er poenget med resonnementet i denne boken. Hver gang VG slår til med rubrikker om prisfest på boliger og om at Norge går på skinner, fører det til at folk som tjener godt eller middels, føler seg rike. Man kan også lese mye om nordmenn som kjøper hytter, drar utenlands og kjøper statusdingser til barna. Man leser sjeldent om folk som har dårlig råd. Det var egentlig mer vanlig før i tiden. Da kunde man få høre om folk som ikke hadde råd å gi barnene penger til fellesturer i skolen, eller om familier som bodde trangt og dårlig. Det gjør man ikke like ofte nå for tiden. Kan det komme av at folk flest har det mye bedre nå, eller av at man ikke er interessert i å fokusere på fattigfolk i et land som går så det griner?

Jeg vil si at hvis man rapporter om folk som har dårlig råd, relaterer man i hvert fall aldri dette til det faktum at Norges høye matpriser og avgiftspolitikk kan ha noe med saken å gjøre. Det vil si at Norge har som kjennetegn å legge avgift på basisvarer. Mat, bolig, renter, biler. Hvis avgifts- og skattepolitikken endret retning og hadde lagt mindre belastning på basisvarer, så ville det også ha påvirket lavinntektsgruppen positivt.

Det typisk norske er å formidle et inntrykk av uendelig rikdom. Noe som sikkert er relevant for middelklassen. For andre, som ikke kjenner seg igjen i beskrivelsen, blir avisenes bestandige utrop en slags sagafortelling som fører til eksklusjon. Det er slik som personen i lesermeningen sier: "De som har gode jobber med drømmegasjer har ingen bekymringer. Avgiftene er beregnet etter de høye inntektene."

Ola sin sveis

Vi har jo lovet at boken skal ta seg av forbud, regulering, skatt, avgift, forholdet til staten og økonomi i passe store porsjoner. Så la oss gå hardt ut med et utsagn om økonomi som kan få hver nordmann til å få bakoversveis.

Norge har ikke verdens høyeste kjøpekraft. Vi ligger et stykke ned på listen.

Vil dette si at vi nordmenn får kjøpt mindre for lønna vår enn folk i andre land? Nå må vi vel le litt. Dette kan selvsagt ikke være riktig. Det ville jo si at vi ikke er verdens rikeste land allikevel! Alle vet at norske lønninger er høyest i verden og at nordmenn flest er mye rikere enn stort sett alle andre. Ikke sant? Nei. Det er ikke sant. Det vil si, utsagnet ovenfor er helt riktig. Ola Nordmann har virkelig lavere kjøpekraft enn beboerne i flere land i Europa. Det er bare å kamme tilbake sveisen. Grunnen er egentlig veldig logisk og har med fordelingen av et lands rikdom å gjøre. Noe som vi skal se litt nærmere på lenger fram i boken. Bare fordi et land har store oljeinntekter og er et av verdens rikeste land når det kommer til BNP, så innebærer ikke det at individene som bor i landet automatisk får verdens høyeste kjøpekraft og dermed beste materielle standard. Det kommer helt an på hvor og hvordan det rike landet bruker inntektene. Kjenn på den en stund.

MORSOMME NORSKE FORBUD

Vi nordmenn er nok klar over at vi har en god del forbud som man ikke har i andre land. Det er kanskje et faktum som en eller annen reflekterer over, men folk flest bekymrer seg nok ikke nevneverdig. Det funker stort sett greit likevel. Å få oversikt over alle forbud som eksisterer er selvsagt verken mulig eller særlig interessant. Men kan forbud virkelig være morsomme? Er ikke forbud alvorlige ting som en ikke skal spøke med? De forbudene som er mest interessante er oftest de som fremstår som litt sånn rare og som gjør at man ikke kan la være å le litt for seg selv. De har karakteren av å være etter sin tid og gir ofte uttrykk for et statsapparat som prøver å agere som overformynder for en befolkning som ikke skjønner sitt beste.

Man skal heller ikke tro at forbud flest ble til en gang i fortiden og bare har hengt med inn i moderne tider av ren latskap. Det kommer bestandig nye forbud og framfor alt forslag på forbud. De siste årene har politikere og diverse organisasjoner hatt forslag til å forby både bensindrevne biler og røyking. Ikke bare røyking i arbeidstiden, uten døgnet rundt i hele landet! Dessuten har man lykkes med å forby en så forferdelig ting som hjørnekjøleskap.

Vi nordmenn har som regel et pragmatisk forhold til forbud. Hvis vi tydelig kan se at et forbud har en god side, det vil si at forbudet forhindrer folk fra å gjøre unyttige eller skadelige ting, så synes vi at forbudet er bra. Hvis vi derimot har vanskelig å se hensikten med forbudet, kan det finnes enkelte som rister på hodene sine og mener at dette er typisk norsk formynderi. Men den gruppen er egentlig ikke så stor som man skulle tro. Nordmenn flest er egentlig ganske komfortable med at de som har funnet på forbudet sikkert har hatt en god tanke. Derfor er det nok likevel et bra forbud som det ville være dumt å fjerne.

For folk flest er heller ikke dette med forbudsmentalitet et ideologisk spørsmål. Altså, er det moralsk riktig at staten påtvinger befolkningen forbud? Burde vi ikke selv være i stand til å foreta egne beslutninger om hvordan vi skal leve våre liv og vurdere hvilken grad av risiko vi ønsker å utsette oss for? Forutsatt at vi ikke skader våre medmennesker. Skal staten bestemme at jeg ikke får lov til å skyte opp et nyttårsrakett? Vi nordmenn er som sagt praktisk anlagt. Hvis vi ser en klar logikk med et forbud. At det kan påvises at forbudet fører til færre skader, bedre økonomi eller bedre helse, så mener vi at dette forbudet er bra for folk flest. Altså kan forbudet rettferdiges og er bra. Vi bryr oss lite om frihetstanken, at vi selv skal få lov til å bestemme om vi skal utsette oss for faren eller ikke. Hvis forbudet er bra må vi bare følge det. Ellers må vi påregne bot og tilleggsavgift.

Greit nok! La oss da se på noen morsomme forbud.

Farge-TV: En klassiker blant klassikere må være motstanden mot farge-TV. Det må dog nevnes at dette ikke var et ekte forbud. Politikerne lykkes bare å forsinke det en tid. Farge-TV fikk vi i 1972 som det siste landet i Europa. Det merkelige var at vi hadde utstyr til å sende i farge flere år før, men av politiske grunner ble det ikke gjort. Flere stortingsrepresentanter talte seg varme for et forbud, men til slutt ble det likevel bestemt at også Norge skulle få mulighet til å se alt mulig rart i farge. Forbuds-tanken gikk ut på at det var unødvendig med den slags luksus. TV i svart/vit var godt nok for Ola og Kari. Man skal være måteholden og ikke forlyste seg!

Formann Gunnar Garbo i Venstre ga følgende forklaring: "Det ville være uriktig å stimulere til en så kraftig etterspørsel av private forbruksvarer som innføring av fargefjernsyn vil skape."

På Nyttårsaften 1971 fikk Kong Olav den æren å være hovedperson i NRKs første sending i farge.

Hjørnekjøleskap: Fra 1 mai 2013 er tre produsenter av hjørnekjøleskap pålagt forbud om å selge den slags kjøleskap til private konsumenter. Hjørnekjøleskap bruker alt for mye energi, mener man. Da forbudet gjelder spesifikke norske bedrifter skal det sannsynligvis ikke være noe i veien for å importere kjøleskap på egen hånd. Eller hvorfor ikke bygge et helt kjølerom – det er fremdeles lov.

Lakrispiper: Fra 2010 er salg av lakrispiper og sjokoledesigaretter forbudt i Norge. Tanken er at godterier som ligner på ekte tobakksvarer kan få barn til å bli interessert i å begynne å røyke. Derfor må de forbys. Farlige greier!

Von: yabbie

Alkohol på valgdagen: Dette er et vanvittig morsomt forbud. Vinmonopolet er stengt denne dagen og butikkene har ikke lov å selge øl. Det er uklart om tanken med forbudet er at folk kan bli så fulle at de stemmer på feil parti, eller at de blir så fulle at de ikke kommer seg til valglokalet i det hele tatt. Kanskje er faren at de kan bli så glade eller skuffet av valgresultatet at de tyr til flasken.

Uansett er dette et typisk morsomt forbud. Hensikten er uklar, det høres litt sprøtt ut og det finnes dessuten gode sjanser å komme rundt hele forbudet. Den enkleste måten er simpelthen å passe på å kjøpe inn nok alkohol i forveien, slik at man har et lager hjemme i kjelleren. Hvis man ikke har husket å gjøre dette, eller hvis man har lykkes å drikke opp alt sammen før valgdagen, så går det greit å gå på nærmeste pub eller restaurant å ta seg en dram. Der er det lov! Et annet alternativ er selvsagt å forhåndsstemme. Da kan man passe på å velge en dag da Polet virkelig er åpent.

Søknadsplikt for planting av syrin: Ja, faktisk, men dette har aldri vært et forbud. Derimot er det veldig morsomt at Miljøverndepartementet hadde planer om å sette syrin på svartelisten for fremmede organismer. Da ville det ha blitt forbudt å plante syrinbusker i hagen. Men ikke fortvil. Miljøverndepartementet vurderte også å gi mulighet for å søke om dispensasjon. Det er et raust departement, dette Miljøverndepartementet, må en si.

Kortkjøp utenlands: En del nordmenn har fått erfare at de blir nektet å bruke betalingskortet sitt når de er på ferie utenlands. Når du sitter og spiser på en restaurant eller når du får lyst på en is i en kiosk, kan det skje at ditt norske kort ikke blir akseptert. Det kommer av at det ikke er lov å bruke norske kort der det samtidig selges noe som har med pengespill å gjøre. Pengespill er nemlig forbudt i Norge. Selv om du ikke har tenkt å spille bare fordi du spiser på en restaurant som eies av et kasino, så må du likevel være beredt på å gå ut på gaten og ta ut cash i en minibank. Det kommer an på hvordan kjøpet kodes ved betalingen. Norske myndigheter har som ambisjon å forhindre alle former av spill med penger, der det er vanlig å betale med kort. F eks kasino i Las Vegas eller nettpoker.

Dette kan også få til følge at vi som nordmenn må huske på å ha med oss cash når vi skal kjøpe avis i storkiosken.

Tobakk: Fra 2010 er det forbudt å ha tobakken synlig i butikken. Lovgiveren tenker seg at hvis røyken ikke er eksponert, så vil folk flest kjøpe mindre røyk. Derfor har butikkseiene som regel blitt nødt til å kjøpe inn automater der kunden kan hente ut røyken sin etter og først ha kjøpt et plastkort i kassen. Andre har simpelthen montert opp luker. Kunden kan åpne luken og ta ut en pakke sigaretter. Deretter slår luken igjen og man aner ikke hva som skjuler seg bak luken. Jo, det aner man. Det står riktignok tobakk med tydelige bokstaver. Vi må dog bruke fantasien vår for å se hva slags merker som skjuler seg bak teppet.

Dette med å skjule ting som man ønsker å beskytte innbyggene fra, synes myndighetene er lurt. Det er slik vi gjør når vi ønsker å gjemme godterier for barn eller å gjemme unna kattematen slik at pus ikke skal spise seg i hjel når vi ikke er hjemme og kan overvåke hva den foretar seg.

Sexkjøp utenlands: Dette med sexhandel er et svært kontroversielt område som vi ikke skal gå nærmere inn på. Det er dog komisk å tenke seg at lovgiveren også har tenkt å følge med på hva Ola og Kari driver med når de er på ferie. Har de tatt seg en kvinne eller kar uten lov? I tilfelle skal de bestraffes. Selvsagt. Men hvordan skal den norske stat lykkes med å få fram beviser i land der den slags handel ikke er forbudt? Sannsynligvis vil alle parter være svært lite interessert i å bistå. Til tross for dette har et antall personer virkelig blitt dømt til bot for sexkjøp utenlands. Det bygger da på tilståelser eller som i Bård Hoksruds fall, at TV2 fikk inn et tips som førte til at de kunne konfrontere den kjente Frp-politikeren, som til slutt fikk ta sin straff.

Bankaxept: Når vi er i Syden, eller i andre land, skjer det ofte at man får lyst på noe i en vanlig dagligvarebutikk. Da er det jo også praktisk hvis butikken tar norske Visakort. Det gjør stort sett alle forretninger. Det ville vært dumt å miste kunder av den grunnen. For utlendinger i Norge går det ikke like bra. Norske dagligvarebutikker med flere tar simpelthen ikke utenlandske Visa, Mastercard og lignende. Ikke så sjeldent står derfor en oppbragt utlending med Visakortet i hånden uten å kunne betale for sine varer. I beste fall finnes det en minibank i nærheten. Hvis ikke må han bare handle ved en senere anledning.

Forklaringen er at en standard betalingsterminal bare håndterer det norske betalingssystemet Bankaxept. Den som ønsker å ta imot betalinger fra utenlandske betalingskort må tegne tilleggsavtale. Og det koster ekstra.

Dette er riktignok ikke noe forbud, men en særnorsk ting som føles litt flau og unødvendig, med tanke på at det finnes en god del utenlandske turister i Norge som da får en rar opplevelse.

Avskilting av bil: Bil i Norge er forbundet med høye avgifter og litt merkelige regler. Hvis du ikke skal bruke din bil en del av året, så må du likevel betale årsavgift og forsikring. Hvis du ikke bruker bilen første halvparten av året kan du komme unna med halv årsavgift. For å komme unna vanlig forsikring og kun betale garasjeforsikring må bilen avskiltes. Det er en spesiell ting – avskilting. Det innebærer faktisk at du må skru los skiltene fra bilen og sende de inn til Veivesenet. Hele store skilter altså. I andre land holder det med å melde fra at nå ønsker jeg ikke å bruke bilen på en stund. Hva skjer når du da ønsker å ta bilen i bruk igjen, og tenker å skru fast skiltene på nytt? Jo, hvis det har gått litt tid, må du betale ny omregistreringsavgift. Hvis bilen er litt halvny kan det bli snakk om 7-17 000 kr, avhengig av vekt. Er bilen 12 år eller eldre, er det salg med rabatt – kun 1500 kr.

Pornosladden: I slutten av 2005 vinner redaktøren for et manneblad i Høyesterett. Han hadde solgt usladdet porno. Det fantes altså helt nakne kropper i bladene hans. Det blir begynnelsen på slutten på en lang historie av skjulte kjønnsdeler.

Fram til 2005 var den som ønsket å selge pornografisk stoff nødt til å tilse at alle nakne kjønnsdeler var skjult. Oftest med svart farge, en så kalt sladd. Man kan tenke seg at dette må ha vært svært skadelig for de stakkarer som var nødt til å ta seg av arbeidet med å svartfarge i alle blader og filmer. De fikk sikkert spesiell terapi av arbeidsgiveren for å kunne håndtere alle bilder av de nakne kjønnsdelene de hadde blitt eksponert overfor.

Filmer som sendes via kabel-TV-nettet sladdes dog fremdeles. Medietilsynet mente at sladden skulle bli, til tross for beslutningen i Høyesterett. Det gjenstår å se om noen ønsker å prøve den beslutningen i retten på nytt.

Bittermandel: Hva for noe? Da Bittermandel er forbudt i Norge, er det en lite kjent variant av mandel, men utenlands brukes den til matlagning og baking. Grunnen til at det er forbudt å selge mandelen i Norge er at bittermandel inneholder substansen amygdalin som etter fortæring danner hydrogencyanide. Noe som er farlig i store doser. Det finnes mye som er farlig i store doser. Safran blant annet. Hva er det da som er så morsomt med dette? Jo, bittermandel har en annen egenskap, som også høres på navnet. Den er veldig, veldig bitter og smaker ordentlig ille. Hvem som skulle ha lyst på å spise nok mandel for å bli skadet eller dø, er en gåte. Det holder med et lite stykke før man får nok av den smaken. Jeg vil tro at ingen, absolutt ingen, som har smakt bittermandel frivillig spiser spesielt mye av den.

Kjøre med utenlandsk registrert bil: Vi avslutter med et forbud som faktisk ikke er morsomt. Mer tragisk, eller i hvert fall tragikomisk. Uansett et veldig kjipt og ødeleggende forbud for de som blir rammet.

Såfremt du ikke har spesielt fritak, så er det ikke lov for nordmenn å kjøre med utenlandskregistrert bil i Norge. Grunnen er det tunge norske avgiftssystemet for kjøretøy. Biler er betraktelig dyrere enn i øvrige verden. Derfor ønsker ikke staten at folk kjører med utenlandskregistrerte biler og på den måten unngår å betale avgift.

Hva skjer da hvis du likevel kjører med en utenlandsk-registrert bil? Kanskje på grunn av en misforståelse eller manglende kunnskap. Jo, du blir nødt til å betale full avgift. Pluss straffavgift for at du prøvde å snike deg unna.

-Greit, men jeg lånte jo bare min nederlandske svigerinnes bil for å dra til butikken å kjøpe melk. Da trenger jeg selvsagt ikke betale noe som helst. Det er jo ikke en gang min bil.

Joda, du blir faktisk nødt til å betale full avgift. Mange nordmenn har gått i den fella og fått punge ut med flere hundre tusen kroner for biler som de ikke en gang eier.

-Men skjønner ikke disse avgiftsfolka at det er helt ulogisk at jeg har prøvd å snike meg unna avgift, når det attpåtil er min svigerinne som eier bilen og bare er her på besøk?

Joda, de skjønner nok det, men regler er regler og du kommer ikke unna avgift! Etter at handelsorganisasjonen EFTA har sagt ifra at de norske reglene både er urimelige og rigide, er det fra og med 2014 lov å låne utenlandsk bil i maksimalt 25 dager per år. Hvis du i forvei fyller ut et søknadsskjema hos Tollvesenet. Du kan altså fremdeles ikke spontant låne den nederlandske svigerinnens bil for å hente ungene hennes eller dra å kjøpe melk. Da blir du pålagd full avgift. Altså ikke en bot på 10 000 for å avskrekke. Heller ikke en avgift i forhold til hvor lenge du har brukt bilen ulovlig. Full avgift er det som gjelder.

Fram til juni 2014 var det avgift på båter også. Dog bare på båter med motorer på over 8 hk. Derimot må den som fører inn en fritidsbåt i Norge betale merverdiavgift. I 2010 var det en del skriverier om svenske Kjell. Han dro på seilferie og fikk regning fra Tollvesenet på 200 000 NOK.

Hva skjedde? Jo, han Kjell syntes at det var så hyggelig å seile i Norge at han la båten ligge i Mo i Rana over vinteren for å fortsette seilassen neste sommer. Dette oppdaget Tollvesenet ved en rutinekontroll og fant ut at dette var et forsøk på ulovlig import, dvs forsøk på å snike seg unna 200 000 kroner i merverdiavgift. Tollvesenet tok selvsagt ingen hensyn til at Kjell var svenske og bodde i Sverige. Båter får uansett ikke lov til å være i Norge lenger enn 6 måneder. Samtidig er det sjeldent noe problem for norske båter å overvintre i utenlandske havner.

RIKEST I VERDEN?!

La oss gå tilbake til resonnementet rundt hvem som egentlig er rikest her i verden. Materielt sett altså. Noe mer filosofisk skal vi ikke gi oss i kast med i en passe overfladisk bok som denne. Norsk media er flinke til dette. Å fortelle hvem som er rikest i verden. Det er vi Nordmenn som er rikest, sier de. Det er en sannhet som alle kan ta til seg og være stolte av. Vi er alle kjent med den historien. Etter å ha vært okkupert under krigen og slitt med å bli ordentlig industrialisert, fikk vi plutselig tilgang til svart gull. Over kort tid ble vi så rikest i hele verden og kunne kjøpe alt vi ønsket. Vi kunne reise verden rundt for å besøke land som ikke var like heldige som oss. Vi kunne plutselig gå ut å spise på restaurant, omtrent hver dag, og i tillegg gi overdådig tips, selv om både servicen og maten var elendig. Vår eneste bekymring ble å spekulere i når oljen eventuelt skulle ta slutt.

Nå begynner du som leser sikkert å ane uråd. Skal det komme noe dumt nå om at vi ikke er så rike likevel? Vi har jo tidligere i boken antydet at Ola Nordmann eventuelt kommer til å rammes av bakoversveis. Kan det være noe med at hvis Ola sjekker inneholdet i lommeboka så strekker det ikke til for å måle seg med innbyggere i andre land? Kanskje det.

La oss begynne med å se på BNP, bruttonasjonalproduktet. Enkelt forklart er det verdien av de varer og tjenester et land produserer under et år. Det er et mål som gir et hint om hvor rikt et land er. Norge har ikke på langt nær høyest BNP, men det er ikke noe vi trenger å bekymre oss for, ettersom Norge er et sparsomt befolket land. Betydelig mer interessant er begrepet BNP per capita. Altså verdien av de varer og tjenester som et land produserer, delt på antall innbyggere. Der ligger Norge plutselig høyt opp på lista. Vi er nesten på nivå med Luxemburg og har bare et par oljeproduserende araberland foran oss, som likevel ikke regnes med i diverse sammenligninger, ettersom de ikke er OECD-land. Uansett må vel dette være bra og tyde på at vi virkelig er rike i en forstand. Kanskje til og med rikest. I hvert fall rikest i vestverden. Vi ligger godt og vel 50% over snittet for OECD-landene. Det er faktisk bra!

Deretter må vi se på lønnsnivåer. Da finner vi at Norge virkelig har det høyeste lønnsnivået. Så langt er alt vel. Norske aviser ser ut til å ha rett. Vi er virkelig rike som troll. I følge Arbeidsdepartementet er også kostnaden for en norsk industriarbeider omlag 50% høyere enn i øvrige Europa.

Til slutt ser vi på kjøpekraften. Dette er et mål som viser hvor mye gjennomsnittslønnen i et land kan kjøpe i form av alle mulige forskjellige varer og tjenester. Da finner vi noe som kan få Ola Nordmann til å bli både forbauset og sint. Kanskje er det også her en eller annen rammes av bakoversveis. Til tross for at vi har høyest lønninger og en BNP som er omtrent 50% høyere enn gjennomsnittet, viser sammenligningen at vi bare kommer på 6:e plass. Vi ligger plutselig etter Nederland, Tyskland og Storbritannia og ligger omtrent på samme nivå som Sveits, Belgia, Irland med flere. Det kan neppe regnes som dårlig å rangeres som nummer 6 i verden, men for Ola kan det likevel komme som et sjokk at vi faktisk ikke er rikest i verden likevel.

Figur 5. Nivåindekser for nettolønn, 2010. Basert på kjøpekraftsparitet for konsum i husholdninger. Norge=100

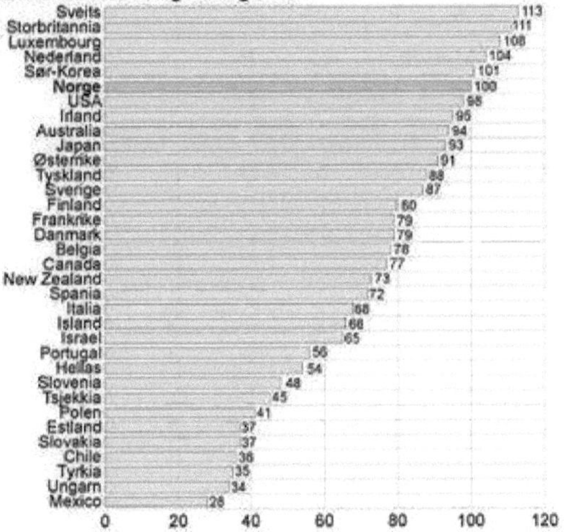

Men hvordan er dette mulig? Norge har jo høyere BNP per capita enn alle andre OECD-land, men likevel har vi mindre penger i lommeboka. Hvordan kan vi ha en BNP per capita som er 50% over andre land, men likevel komme dårligere ut når BNP skal omsettes til ordentlige penger i Ola Nordmanns lommebok? Hvor har alle disse enorme summene blitt av? Hvem er det som snyter oss? Er vi da bare et alminnelig europeisk land? Omtrent som nederlendere og irer! Er det kanskje slik at Norges velferdssystem er så vel utbygd sammenlignet med andre land, at vi ikke trenger så god kjøpekraft likevel? Ikke det heller, faktisk. Dette er land som er på omtrent samme nivå når det kommer til velferdstjenester. Vi har ikke en gang subsidiert tannhelse i Norge. Hvordan er da dette mulig? Har vi blitt lurt i alle disse år? Eller har noen et sugerør inn i statskassen?

Sitt rolig i båten! Det finnes logiske forklaringer til hvorfor Norges tenkelige fortrinn med oljeinntekter og høy BNP ikke nødvendigvis fører til tilsvarende høyere levestandard. En del av forklaringen ligger i noe som du sikkert har hørt før. Norge er et stort land, med fjell og dårlig vær. Det koster å holde ting i gang her oppe sammenlignet med et tettbefolket Europa der avstandene ofte er små.

Det er dog bare en bitteliten del av forklaringen. En mye viktigere ting er at vi i Norge bevisst bruker penger på ting som ikke kommer nordmenn flest til gode. Vi har lang og dokumentert tradisjon for distriktspolitikk her i landet. Eller hva sier vi til heksemonument i Vardø til 70 millioner, eller bru og tunnel til Andørja (500 innbyggere) i Troms til 600 millioner. Det trenger ikke å være feil å ha en aktiv distriktspolitikk hvis man ønsker, men det er en viktig grunn hvis man ønsker å forklare hvorfor Norges høye BNP ikke nødvendigvis fører til høy kjøpekraft for folk flest. Derimot finnes det fine bruer å kjøre på. Her og der.

En tredje ting er at Norge har høyt kostnadsnivå. På en måte kunstig høyt kostnadsnivå. Norsk landbruk fører til at Norske matpriser er nesten dobbelt så høye som OECD-gjennomsnittet. Det fører også til lavere kjøpekraft. Statens avgifter på biler, dokumentavgift og lignende gjør også at kostnadsnivået skrues opp. Annet som også kan innvirke er manglende konkurranse. Noe som kanskje kan forklare hvorfor legemidler ofte er opp til dobbelt så dyrt her til lands sammenlignet med Danmark og Sverige.

Nok en viktig ting er at en stor del av oljeinntektene settes på bok, eller mer riktig i oljefond, og derfor aldri leter seg videre ned i lommeboka til Ola og Kari.

En eller annen gang har du kanskje kjørt forbi et veiarbeid. Du har blitt nødt til å sakke ned og har kanskje stått i kø en stund før du har kunnet kjøre videre. Du har da tenkt at det vil bli deilig med bedre vei når arbeidet er ferdigstilt om ikke så lenge. Men når du passerer samme sted et par måneder senere er det fremdeles veiarbeid på gang. Når du leser informasjonsskiltet finner du ut at veien skulle vært klar et halvt år tidligere, men etter hva du kan se, vil det mest trolig ta nok et par måneder før arbeidet muligens kan være klart. Dette er svært vanlig i Norge. Veiprosjekter flest blir flere ganger dyrere enn planlagt, og det tar også betraktelig lenger tid. Ekstremt dyre maskiner som står bom stille som pynt på byggearbeidsplassen i stedet for å være i effektiv produksjon. Dette er også en konkret grunn til at Ola ikke får nyte landets høye BNP fullt ut. Det svært uheldige Carl Bernerkrysset i Oslo ble omtrent fire ganger dyrere enn planlagt og tok bortimot et år lenger å fullføre. Bjørvikatunnelene kostet 4,5 milliarder mer enn beregnet. Og så videre. Det finnes stort sett ingen prosjekter som holder seg innenfor stipulert tids- og kostnadsramme.

En siste, men vel så viktig faktor er at Norsk offentlighet og sannsynligvis også enkelte private virksomheter har gjennomgått alt for lite rasjonalisering og effektivisering. Selv om en liten del av oljeinntektene brukes i stat og kommune, har oljen ført til en mer stabil økonomisk situasjon, sammenlignet med øvrige Europa som er betydelig mer avhengig av internasjonale konjunktursvingninger. Dette har også ført til at stat og kommuner oftest opplever at det finnes penger å få. Man er ikke vant til akutte reduseringer av offentlige bevilgninger som resulterer i kutt og innstramninger. Andre industriland går innimellom igjennom regelrette stålbad, der den positive følgen dog blir at man er mer konkurransedyktig og effektiv for å kunne møte nye utfordringer. Det forekommer selvsagt rasjonaliseringer selv i norsk offentlig sektor og bedrifter, men denne tøffe formen for rasjonaliseringer har det vært lite av her i landet og det fører også til at Norge må bruke mer skattepenger til å finansiere offentlige virksomheter enn andre land. Derfor blir også kjøpekraften lavere, i den forstanden at den disponible inntekten etter skatt blir lavere enn den kunne ha vært.

Som konklusjon kan vi si at det er sant at Ola Nordmann overhodet ikke har så mye i lommeboka som BNP burde tilsi. Det hjelper ikke en gang å vise til et godt velferdssystem, ettersom europeiske land flest tilbyr omtrent det samme som vi. En fare med dette er også at den nederlandske syken kan ramme oss, hvis noe skjer med oljeinntektene. Det vil si at vi står igjen med en lite effektiv og pengeslukende offentlig sektor som er dopet av oljemilliarder. Kanskje vi dessuten har et næringsliv som ikke klarer å generere nok nye arbeidsplasser.

Her ramser vi opp ting som fører til at Norge faller nedover på velstandslisten, men hva kan vi gjøre med det da? Hva prøver våre politikere å gjøre? Svaret må bli: Ikke mye. Det man oftest hører er at vi har det så bra her i landet at vi må fortsette å gjøre som vi alltid har gjort. Vi er jo rikest i verden, ikke sant? Vi gjør det så bra likevel. Da må vi ikke endre på alt for mye. Bedre å passe på og stelle med det vi har. Ikke ta noen skritt ut på farlig og ukjent mark.

Sitt still i båten! Ikke beveg dere!

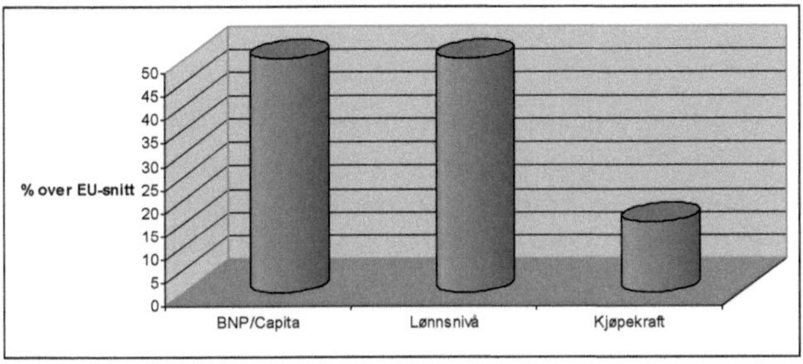
% over EU-snitt
50
45
40
35
30
25
20
15
10
5
0
BNP/Capita
Lønnsnivå
Kjøpekraft

MENINGER

Som vi tidligere har lovet, skal boken ta for seg nordmenns holdninger til ting som skatt, avgift, forbud og økonomi, og dessuten Ola Nordmanns forhold til staten. Dette er egentlig svært følsomme tema. Hvis man leser i diskusjonsfora og i nettavisenes kommentarfelt, føles det som om meninger om disse tingene fort får mange engasjerte kommentatorer. Ofte er meningene passe aggressive og mestrende. Det virker som at spørsmål om ting som staten bestemmer og finner på, har mange tilhengere som er beredte på å forsvare staten mot all skjøns kritikk og slemme påstander. På motstandersiden finner man indignerte personer som prøver å få folk til å skjønne hvor dum Ola Dunk er som lar seg herse med av stat og byråkrater.

La oss da se på noen populære påstander og prøve å motbevise de. Det er enkelt å tenke seg i hvilken retning denne boken heller, så objektiviteten blir kanskje ikke helt på topp, men la oss prøve, for moro skyld.

Det spiller ikke noen rolle at biler er dobbelt så dyre i Norge. Vi har jo dobbelt så høye lønninger!

Du har sikkert en eller annen slektning eller arbeidskamerat som har sagt noe lignende en eller annen gang. Du har kanskje sagt eller tenkt det selv også. Det er høy pris på kjøtt, men det er egentlig greit. Vi har jo så god råd her i landet at jeg gjerne kan betale for å holde landbruket i gang. Tanken er at norske lønninger er så mye høyere enn i omverden, at det ikke spiller noen rolle at prisene på det meste i Norge er betydelig høyere enn i andre land. Hvis staten skrur opp en avgift, så spiller det egentlig ikke noen rolle, ettersom norske lønninger likevel er så høye. Bare skru i vei! Vi har råd!

Det er selvsagt slik at resonnementet er riktig. Opp til en viss grense. Hvis norske lønninger hadde vært dobbelt så høye og hvis alle varer og tjenester til sammen hadde vært mindre enn dobbelt så dyre, kunne vi ha hatt grunnlag for å si at nordmenn har verdens høyeste kjøpekraft og derfor er verdens rikeste land. Problemet er at vi neppe kan finne grunner til å si det.

Vi har tidligere i boken konkludert med at Norge ikke ligger i toppen på kjøpekraftslisten. Hvordan vet vi det? Det er jo ikke en enkel sak å få frem et pålitelig regnestykke med tanke på hvor stor forskjell det er på skatter, avgifter og ikke minst på hvilke goder innbyggene får for de skatter og avgifter som de har betalt. SSB har dog presentert beregninger som gjelder kjøpekraften i diverse europeiske land. Skal vi stole på beregningene ligger vi over gjennomsnittet i Europa, men vi er ikke på første plass. Sammenstillingen er beregnet ut ifra gjennomsnittspris på en rekke varer og tjenester og deretter veiet opp mot landenes lønnsnivåer. Det kan stemme sånn cirka. Hvis vi ikke stoler helt på dette, kan vi også prøve å gjøre litt mer useriøse beregninger for å prøve og få grep om hva ting koster og hvilke inntekter folk har utenlands.

La oss se på det som mange er skråsikre på, at norske lønninger ligger skyhøyt over omverden. I 2011 var gjennomsnittsinntekten 453 000 NOK. I Sverige var den 348000 SEK. Omregnet i norske kroner blir det litt over 300000. Da kan vi si at norske lønninger er bortimot 50% høyere enn svenske, noe som også stemmer godt overens med Arbeidsdepartementets beregning om at norske industriarbeiderlønninger er 50% over europeisk gjennomsnitt. Sverige er et bra land å sammenligne med ettersom inntektsskatten er ganske lik i de begge landene. Begge har lignende størrelse på minstefradrag. Gjennomsnittsskattesatsen pleier å ligge på ca 34% i Sverige, hvilket kompenseres av at den norske satsen på 28% følges av 7% trygdeavgift. Sverige har 20% i toppskatt mot 15% i Norge. Momsen er omtrent den samme, mens de øvrige særnorske avgiftene kommer i tillegg.

50% høyere lønn. Javel. Den er ikke flere ganger høyere, men likevel et godt stykke foran. Da kan vi direkte gå til eksempelet med matprisene. Norske priser ligger ca 60% over de svenske. Det blir jo ufordelaktig for nordmenn. Sverige er altså et rikere land enn Norge. Eller? Kan dette virkelig være mulig? Ja, det må være slik, i hvert fall for en konsument som kun kjøper mat og ikke noe annet. Så enkelt er det dog ikke. Når vi foretar en sammenligning må vi ta høyde for alle kostnader, ikke bare mat. La oss da prøve med noe annet. Legemidler for eksempel. I følge en undersøkelse gjort av analyseselskapet Oslo Economics, viste det seg at prisene på legemiddel ofte lå ca 50-100% over prisen i Danmark og Sverige, avhengig av hvilken slags legemidler det var snakk om. Biler vet vi er betydelig dyrere i Norge grunnet det norske avgiftssystemet og boligrentene er bestandig høyere. Tannlegeutgifter er subsidiert i Sverige, men sjeldent i Norge. Dette ser ikke lovende ut. Det virker som om stort sett alle priser overstiger de 50% som utgjør forskjellen mellom svenske og norske lønninger. Alkohol da? Nei, selvfølgelig ikke det heller. Finnes det da ingenting som er billig i Norge? Jo, det gjør jo det. Elektronikk er faktisk ikke spesielt mye billigere utenlands. Ikke klær heller. Eller hvitevarer eller fisk. Det finnes altså en god del varer og tjenester som virkelig er mindre enn 50% dyrere enn i Sverige. Derfor kommer

Norge så vidt foran Sverige i kjøpekraftssammenligningen, men vi er neppe noen oljesheiker som ikke trenger å se på prislappen før vi handler.

Javel, maten er 86% dyrere i Norge enn i EU, men vi legger jo likevel en betydelig mindre andel av inntekten på mat nå, enn vi gjorde for 30 år siden, så maten er egentlig blitt billigere. Ikke dyrere.

Dette er en veldig populær sammenligning. Bare fordi at vi en gang i fortiden brukte en viss andel penger på mat, har vi det bedre nå ettersom vi prosentuelt sett bruker mindre penger på mat. Utsagnet kan i og for seg være riktig, men det har ikke veldig mye å si. Hvis vi hadde 100 kroner i inntekt og betalte 50 kroner for maten, betalte vi altså 50% av inntekten for maten. Neste gang vi sjekker, har inntekten gått opp til 200 kroner. Hvis maten fremdeles koster 50 kroner, bruker vi bare 25% av inntekten på mat. Dette, mener enkelte, er en god grunn for å øke matprisene til 100 kroner. Det har vi jo råd til, ettersom vi tidligere var vant til å betale 50% av inntekten på maten. Problemet er at hvis en inntektsøkning bestandig skal kompenseres av tilsvarende kostnadsøkning, vil et land alltid forbli fattig. I Norge har vi fått effektivisering og tilvekst i økonomien gjennom at inntektene har økt mer enn kostnadene. Derfor har vi blitt rikere. Med et par unntak, selvsagt. Hvis vi hadde åpnet opp for utenrikshandel med landbruksvarer, ville den norske maten ikke ha vært 86% dyrere. I stedet kunne vi tatt del av lavere priser og større utbud og på den måten blitt rikere og hatt mer å rutte med.

Det samme går det an å si om et utviklingsland der kanskje 80% av inntekten går til mat. Det er ikke realistisk å forutsette at et slikt land skal fortsette å bruke 80% av inntekten på mat hvis landet går igjennom en transisjon til å bli industrialisert. I stedet kan man regne med at andelen som går til mat synker betraktelig til fordel for andre varer som blir mulige å kjøpe i takt med at inntekten stiger, for eksempel bolig, klær, reiser. Det kan være at andelen av inntekten som brukes på mat synker til 40% på kort tid, men dette sier likevel ikke noe om matprisene har blitt høyere eller lavere. Bare at inntekten har økt.

Vi kan også gjøre en sammenligning med hvite-og brunevarer, det vil si kjøleskap, vaskemaskin, TV og datamaskiner. Den slags varer er ikke spesielt mye dyrere i Norge enn i andre land, men det ville sikkert ikke være en stor sak for regjeringen å få de til å bli det. Man kan tenke seg en spesiell tollavgift som førte til at hvitevarer ble dobbelt så dyre. Omtrent på samme måte som staten gjør med biler og matvarer. Hvis vi antar at vi tidligere brukte 25% av inntekten på hvitevarer, men at vi nå finner ut at vi bare bruker 20%, så blir vi jo svært fornøyde. Det høres jo helt vanvittig bra ut, ikke sant? Hvis vi da hadde dratt til Tyskland for å se hvor mye hvitevarene kostet der, ville vi sannsynligvis funnet ut at de var betraktelig billigere og at vi bare hadde vært nødt til å bruke 10% av inntekten. Selv om vi tror at vi har vunnet 5%, har vi i virkeligheten tapt 10% sammenlignet med utlandet.

Det hjelper lite å si at norske matvarer blir billigere bare fordi at vi får høyere disponible inntekter. Sammenlignet med andre land, blir maten stadig dyrere i Norge. Ikke billigere, uansett hvordan man vrir og vender på problemet.

Vi betaler gjerne mer for maten. Hovedsaken er at Norsk landbruk kan fortsette i gammel god stil. Vi har så god råd likevel.

I de ovenstående punktene har vi konkludert med at Norske lønninger faktisk ikke er så mye høyere enn omverdenens at vi uten videre har råd til å ha dyr norsk mat. Sammenligningen viser at maten er 86% dyrere enn i EU, mens lønnsnivået kun er 50% over. Likevel finnes det mange som mener at vi faktisk har veldig god råd til dette. Da kan det være interessant å kikke litt på hvem det er som egentlig mener dette. Jo, det er som regel folk som får lov til å uttale seg i aviser, og det som er vanlig med folk som får uttale seg i aviser er at de enten er kjendiser eller politikere. Det er svært sjelden folk flest sier noe offentlig, hvis det ikke dreier seg om hvordan været har vært i ferien. Hva er det da disse kjente menneskene sier? Jo, som oftest det at norsk mat egentlig er veldig billig. Eller at folk flest kaster så mye mat at den umulig kan være dyr. Eller at utenlandsk mat egentlig ikke er spesielt bra. Den kan til og med være farlig. Hvem er det som regel som sier dette? Jo, det er ofte representanter for Senterpartiet eller fra matvareindustrien. Det kan også være en eller annen akademiker som forteller om betydningen av å ha eget landbruk for å samle nasjonen. Eller noen som er forsvars-interessert, og dyrt og hellig lover at dersom det blir krig vil nordmenn ha matforsyningen sikret. Av og til kan det også være en eller annen bonde som uttaler seg. Til og med helt ukjente og alminnelige bønder!

Det kan se ut som om alle som uttaler seg positivt om norsk landbrukspolitikk har gode grunner for å gjøre det. Enkelte lever til og med av landbruket på en eller annen måte. Nemlig. Nå er ikke dette helt sant. Det finnes faktisk en hel del andre som også mener at norsk landbrukspolitikk er helt grei og må vernes. Helt alminnelige mennesker. Nøkterne og ordentlige folk med ordentlige yrker. De ønsker å se norske sauer løpe fritt i åpne hager over hele landet og mener at de har veldig god råd til å betale litt mer for maten for å få dette realisert. Hva er det som er skummelt med disse folka? Hva er det de skjuler? Jo, de har faktisk ofte en evne eller egenskap som de kanskje ikke skilter åpenlyst med. Grunnen til at de sier at de har råd, er akkurat det at de har det. De har god inntekt. Sannsynligvis godt over gjennomsnittet og det er der vi kommer inn på noe som kan være interessant. Jeg sier ikke at det ikke finnes nordmenn med lav inntekt som er positive til norsk landbrukspolitikk. Derimot sier jeg at folk flest som er positive til politikken har ganske så greie inntekter. Politikerne, de økonomiinteresserte, de filosofiske akademikerne, den nøktre arbeidskameraten. Det er nok ofte slik at de har ganske gode inntekter og at det egentlig spiller liten rolle for de om maten er litt i overkant dyr i forhold til andre land. De klarer seg bra likevel.

For den som har litt lavere inntekt, er pensjonist eller av noe annen grunn har ønske om å leve litt billig, kan det være nokså provoserende å høre rike mennesker uttale seg om hvor bra det er å betale mer enn nødvendig for maten. For den som noen gang har tatt turen til grensen for å Harryhandle, finnes det også andre interessante ting å notere. Harryhandlere flest har ikke de fineste bilene og ser ikke ut til å ha de flotteste jobbene. Det virker mer som at den gjennomsnittlige Harryhandleren er en person som ønsker å få pengene til å strekke lenger. Vi finner sjeldent tegn på rikdom eller vestkantmarkører når vi er på Harrytur. Det er simpelthen slik at hvis en ligger under norsk gjennomsnittsinntekt, er det nok egentlig ikke alltid så greit å si at "det spiller ikke noe roll hvor mye maten koster. Vi har jo så god råd!" Det kan i stedet ha avgjørende konsekvenser ettersom en person med lav inntekt som regel er nødt til å betale samme avgift som en med høy inntekt.

I en artikkel fra den tiden da Lars Peder Brekk var landbruksminister, reklamerer han for at maten er altfor billig. Prisene må opp, mener han. Det kan høres litt rart ut med tanke på at maten allerede er passe dyr. Det saken gjelder er at det kastes alt for mye mat. Bare kastes bort uten å bli spist. Dette, mener Brekk, kan hindres hvis prisene økes. Da setter man pris på maten og kaster ikke bort noe bare sånn. Det er sikkert mange barnefamilier og folk med lav inntekt som er enige med Brekk her.... eller ikke. La oss gjette på at Brekk er en av de som har ganske god råd og ikke påvirkes nevneverdig av økte matpriser. Med andre ord, han vil selvsagt ikke hive mindre mat selv om prisene økes. Derimot ville de med lave inntekter blitt nødt til å gjøre det.

Det er meningsløst å senke en avgift, ettersom en annen skatt eller avgift da må økes tilsvarende. Staten må få inn sine penger!

Det er en misforståelse. Av flere grunner. Staten må kun få inn sine penger hvis de ønsker å fortsette akkurat som før. Samme virksomhet og samme måte å gjøre ting på. Hvordan skal det da være mulig å senke en avgift og dermed gi staten mindre inntekt og samtidig beholde virksomheten som før?? Er det mulig i det hele tatt?

Den første og viktigste tingen i denne sammenhengen er å se på den generelle økonomiske tilveksten. Hvis stat og kommune et år bruker et visst antall penger på varer og tjenester til landets innbyggere, så må de også neste år få inn samme antall penger for å kunne yte samme service. La oss da si at vi har en inntektsskatt på i gjennomsnitt 40%. Og en inntektsbase på 100 enheter. Da får staten 40 enheter. Året etter skjer det en produktivitetsgevinst i økonomien. Vi kan tenke oss at noen finner på en ny produksjonsmetode som fører til at vi nå produserer 120 enheter i stedet for 100 enheter. Alternativt at vi får flere mennesker i arbeid som da tilfører mer skatt enn de forbruker. For staten innebærer dette økte inntekter. I stedet for de opprinnelige 40 enhetene får man nå 48 enheter (40% av 120). Staten har altså fått inn 8 enheter som de egentlig ikke har bruk for. Man skulle altså kunne senke skatten til 33% (33%*120=40) og likevel kunne yte samme service som før. Dette kan høres teoretisk ut, men det er helt sant. Det skjer bestandig økninger av real BNP. Stort sett hvert år, og teoretisk sett skulle norske staten kunne senke skatten i takt med at økonomien vokser. Hvorfor gjør man da ikke det? Fordi at man ønsker å bruke de økte inntektene til noe annet. Ikke bare til økt befolkningstilvekst. En organisasjon, bedrift, stat eller kommune, ønsker neppe og frivillig gi fra seg økte inntekter uten kamp. I stedet passer man på å finne nye hull å stappe pengene i. Ansette nye byråkrater i offentlig forvaltning, for eksempel. De seneste årene har ikke antallet offentlig ansatte økt. Grunnen sies å være færre antall eldre og pleietrengende. Likevel har antallet ansatte i offentlig administrasjon økt med 9000 byråkrater bare mellom 2012 og 2013. Man har altså ikke tatt sjansen på å spare penger eller senke skatten. I stedet har man passet på å ansette flere byråkrater og kuttet i andre virksomheter.

I årene 2009 til 2013 økte skatteinntektene med 26%. I samme periode økte også utgiftssiden i statsbudsjettet med 26%. I perioden økte gjennomsnitts-KPI kun med

6,8%. Det viser altså at staten virkelig har fått større skatteinntekter sammenlignet med den alminnelige prisveksten og at de dessuten har lykkes med å bruke pengene.

Til tross for at staten hvert år får inn mer og mer skatte- og avgiftspenger som en følge av økonomisk vekst, er likevel både politikere og journalister flinke til å fortelle oss at skatte- eller avgiftssenking kun er aktuelt hvis vi er beredt på dårligere service. Tenk at politikere og journalister kan ha så feil. Hvem hadde kunnet ane det? Det som er viktig å få med seg her er at staten faktisk ikke må ta inn samme avgifter og skatter år etter år for å få tilstrekkelige midler til at Norge AS skal gå rundt. Tilveksten i økonomien gir store muligheter til å senke uttaket av skatter og avgifter i stedet for å bruke de økte inntektene til ny offentlig virksomhet. Eksempelet er også en viktig forklaring på hvorfor andre land kan ha lavere skatter og avgifter enn Norge, samtidig som de kan yte vel så god service, og til og med bygge veier uten bompenger.

En annen viktig ting er at alle land før eller senere må rasjonalisere og effektivisere for å få billigere drift av ting. Vi har i et tidligere punkt nevnt at utenlandsk offentlig sektor ofte er betydelig mer rasjonalisert enn norsk, grunnet god tilgang på oljepenger her til lands. Selvsagt skjer det rasjonalisering også i Norge, men ikke i samme omfang. Det går altså an å gjøre det samme, men på en annerledes og mer effektiv måte. Da vil det finnes rom for å senke en skatt eller avgift uten å øke noen andre skatter eller avgifter tilsvarende. Det kan dreie seg om produktivitetsgevinster, slimming av administrasjon, maskiner som erstatter personellkrevende virksomhet og så videre. Poenget her er at Ola Nordmann er lite kjent med den slags tenkning. Det er fremdeles sånn at det settes likhetstegn mellom inntektskutt og krav på ny inntekt.

En annen vei å gå er å se over måten skatter og avgifter brukes på. En avgift kan være mer effektiv enn en annen. Hvis for eksempel formuesskatten senkes, så kan det tenkes at mer kapital kommer til Norge og at det i neste omgang genererer andre inntekter som veier opp, eller er høyere enn den senkede avgiften. Eller ikke. Det må sikkert vurderes. Eller at en skattesenkning av en vare gir høyere konsumpsjon av varen og derfor fører til en samlet større inntektsmasse enn før senkningen.

Toll finansierer norske barnehager!

Tanken er at takket være at vi i Norge har høye tolltariffer, får vi en fordel gjennom at staten får høyere inntekter. Da kan vi lettere finansiere barnehager og annen offentlig virksomhet. Hvis vi ikke hadde hatt høye tolltariffer, ville vi blitt nødt til å øke skatter og avgifter. Akkurat som vi har sett i et annet punkt, finnes det ikke en strikt kausalsammenheng mellom å kutte en avgift og øke en annen, men for å gå tilbake til resonnementet om toll, er det selvsagt slik at hvis vi ikke hadde hatt toll, ville staten fått lavere inntekter. Det er riktig. Men er det lurt for staten å bruke tollavgifter som en inntektskilde? For å få et helhetsbilde på hva effekten er av å belegge en vare med toll, må vi se litt nærmere på de mekanismer som er involvert.

Hensikten med toll er å hindre utenlandske varer fra å konkurrere med norske. Idealet er egentlig at alle utenlandske varer stenges ute. Noe som vil føre til at tollinntektene blir null. Da vil det heller ikke bli bygget spesielt mange barnehager. Uansett hvor stor selve tollinntekten er, blir effekten for den norske konsumenten dyrere varer. Vi må enten kjøpe dyre norske varer eller dyre tollbelagte importvarer. Hvis vi tar norsk landbrukstoll som eksempel, vet vi at tollinntektene er omlag 2 milliarder kr per år. Samtidig vet vi at norsk mat er 86% dyrere enn OECD-gjennomsnittet. I teorien gjør da norske konsumenter et tap på minst 100 milliarder kr hvert år, ettersom vi får betale mye mer for maten. Staten har altså tatt inn 2 milliarder kr i tollavgift, mens konsumentene har tapt 100 milliarder kr. Staten kan teoretisk sett bygge barnehager for 2 milliarder, men samfunnet som helhet får samtidig økte kostnader, noe som vil føre til lavere skatteinntekter. I realiteten innebærer altså tolltariffer heller at det blir bygget færre barnehager enn flere. Selv om den norske bedriften som selger tollbelagte varer gjør en god gevinst, taper samfunnet som helhet. Det er oftest følgen av å belegge en vare med toll. Det finnes bedre måter å finansiere norske barnehager på!

HVA KOSTER EGENTLIG LANDBRUKSPOLITIKKEN?

Ta en pakke melk til vurdering. Prisen for en liter er omtrent dobbelt sammenlignet med prisen i EU-landet Sverige. Se også på en PC. Der er prisen ikke særlig høyere enn i EU. Skulle ikke mat også kunne være det? Sannsynligvis, og hvis ikke, i hvert fall en god del billigere enn nå. Hvis prisen på melk er 16 kr i stedet for 8, taper du 8 kroner på hver liter sammenlignet med EU. Hvis vi regner med alle tollbelagte landbruksvarer, så er det reelle tapet ca 115 milliarder kroner, eller 23 000 kr per nordmann. Dette er prisen norske konsumenter betaler for et åpent landskap. I tillegg betaler staten ca 20 milliarder i subsidier til norske bønder, eller 4000 kr per nordmann. Det innebærer at hver nordmann taper bortimot 30 000 kr hvert år på at Norge har verdens høyeste tolltariffer. Hvis vi fordeler disse 115+20 milliardene på antallet bønder i Norge, blir det 2,7 millioner per bonde. Her regner vi med at det finnes 50 000 bønder i Norge. Hvor mange bønder det eksakt finnes i landet er ikke enkelt å finne ut.

Beregningen er veldig omtrentlig og må selvsagt tas med en klype salt. Den er gjort for å illustrere det store tapet som et tollvern innebærer. Beregningen baserer seg på det faktum at Norsk mat koster 86% mer enn gjennomsnittsprisen i OECD. I virkeligheten ville tapet være lavere enn 30 000 kr/person, ettersom det er ureallstisk å tro at norsk mat ville få samme lave pris som i OECD. Selv med et åpnere marked ville det produseres og spises en god del norsk mat til priser som ville ligge over OECD-snittet. 2,7 millioner per norsk bonde skal heller ikke sees som et reelt tall. Mer som et hint om at kostnaden er høy.

Er det da ikke ganske slemt, eller til og med urettferdig, å hevde at norske bønder burde slutte å produsere landbruksvarer? Skal de bli nødt til å flytte til Oslo, eller skal de bare sitte med beina i kors og se ut av vinduet på teiger som gror igjen med granskog? Hvis vi ser på andre land som har like dårlige forutsetninger som Norge for å dyrke landbruksprodukter, finner vi at de fremdeles driver med landbruk. Til tross for at de ikke får støtte fra staten eller skyhøye tolltariffer, er de faktisk igang med å produsere landbruksvarer. De driver kanskje ikke med samme slags landbruk som de gjorte for 30 år siden. Det er kanskje heller ikke sånn at det finnes fullt så mange bønder som i Norge, men likevel. Det finnes fremdeles en god del bønder som driver med landbruk i forskjellige former. Det finnes to grunner til det. Dels finnes det muligheter for bønder som opererer på et åpent marked til å finne sin egen nisje. Selge produkter som kan være litt typiske for bygden eller noe annet som slår an for et eksportmarked eller lokalt marked. I liten eller stor skala. Den andre grunnen er at land som er med i EU, kan få støtte til å drive med forskjellige slags landbruk. Altså omtrent på samme måte som bønder for tiden får fra den norske stat, men i større skala. EU er ikke et helt åpent marked. Man har tollvern utad mot land utenfor EU, men man opererer på ett betydelig større indre marked enn det som lille Norge gjør. Det finnes altså gode muligheter for norske bønder å overleve også hvis Norge skulle forandre dagens landbrukspolitikk.

Framtiden ser heller ikke særlig lys ut. Prisene i det internasjonale markedet vil sannsynligvis fortsette å gå nedover eller ligge still, mens prisene på norske produkter vil gå andre veien. Dermed blir det fortsatt nødvendig med toll for å holde norsk landbruk i gang på samme måte som før. Eller som Norsk landbruk selv uttrykker det:

Kronetoll er utdatert og utgjør ikke lengre noen reell beskyttelse*. Siden 1995 har kostnadene ved å produsere landbruksvarer økt raskere her hjemme enn i resten av Europa. Mens kronetoll og prosenttoll utgjorde omtrent lik beskyttelse for 18 år siden, har prisveksten endret på dette bildet. Eksempelet under viser hvordan kronetollen ikke lenger er effektiv som beskyttelse av norske produkter.*

		Import	Norsk ost
Tollfritt	30 + 0 kr.	**30 kr/kg**	**80 kr/kg**
Kronetoll	30+ 27,15 kr.	**57 kr/kg**	**80 kr/kg**
Toll 277 %	30 + 83 kr.	**113 kr/kg**	**80 kr/kg**

Det man refererer til her er den omstridte ostetollen som ble endret fra og med 1 januar 2013, da enkelte slags ost, kjøtt og planter fikk ny beregningsmåte. Men eksempelet viser tydelig hvordan Norsk landbruk resonnerer. Da det stadig blir mer ulønnsomt å produsere i Norge, må tollen bestandig økes for at norske bønder skal få mulighet til å fortsette å produsere dyr norsk mat. Uten konkurranse og uten å være nødt til å redusere kostnader på samme måte som man har vært nødt til i andre land.

Norsk prisnivå

Comparative price level indices 2012, EU27=100

	Food and non-alcoholic beverages	Of which: Bread and cereals	Meat	Milk, cheese and eggs	Alcoholic beverages	Tobacco
EU27	100	100	100	100	100	100
Belgium	110	108	118	111	97	95
Bulgaria	68	57	59	92	67	57
Czech Republic	84	74	73	91	96	69
Denmark	143	159	132	117	140	115
Germany	106	104	128	92	82	102
Estonia	87	84	79	88	102	62
Ireland	118	110	110	119	162	199
Greece	104	115	91	132	131	74
Spain	93	111	83	95	87	83
France	109	106	123	100	88	129
Italy	111	114	115	126	98	99
Cyprus	109	121	89	141	110	82
Latvia	87	80	75	96	111	64
Lithuania	77	75	63	90	94	55
Luxembourg	116	117	129	119	90	81
Hungary	81	74	72	88	79	52
Malta	98	94	80	113	109	88
Netherlands	96	90	117	93	96	108
Austria	120	134	132	101	96	86
Poland	61	58	55	63	93	58
Portugal	90	98	75	105	89	84
Romania	67	63	57	93	75	68
Slovenia	97	101	93	101	101	67
Slovakia	87	82	71	97	91	73
Finland	119	130	119	114	175	102
Sweden	124	135	126	112	161	132
United Kingdom	104	89	100	107	143	194
Iceland	118	130	119	112	212	131
Norway	186	183	179	214	288	270
Switzerland	155	148	221	133	120	131
Croatia	92	94	75	97	103	57
Montenegro	76	72	67	77	95	34
Former Yugoslav Rep. of Macedonia	58	54	56	67	65	25
Serbia	71	64	64	81	78	30
Turkey	88	70	77	122	205	64
Albania	68	66	52	84	72	27
Bosnia-Herzegovina	76	73	69	78	84	34

Kilde: Eurostat

Her ser vi effektene av norsk landbrukstoll. Norske matpriser ligger 86% over gjennomsnittet for EU. Som vi har diskutert i et tidligere kapittel, hjelper det litt at vi også har høyere lønninger enn gjennomsnittet, ca 50%. Men det som tabellen også viser, er at for hver hundrelapp som en EU-borger kjøper mat for, må Ola Nordmann ut med nesten det dobbelte. Et faktum som i stor grad skyldes norsk landbrukspolitikk.

En annen kuriositet er at utvalget i norske butikker er begrenset sammenlignet med andre land. En naturlig følge av mangel på konkurranse og begrenset import i et land med få innebyggere.

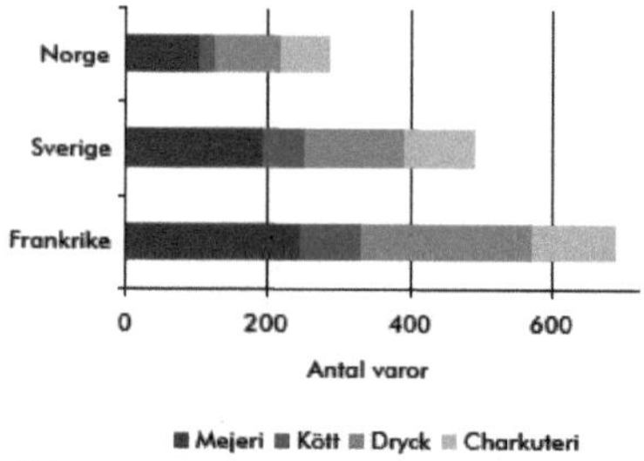

Kilde: Konkurransetilsynet. Gjennomsnittlig butikk.

Hvor høy er egentlig landbrukstollen?

Hvis vi ser i statistikken til World Trade Organization (WTO), ser vi at Norge har eksepsjonelt høy toll på landbruksprodukter. Det finnes forskjellige måter å sammenligne på, men Norge vil uansett komme ut helt i toppen. Et av de målene som WTO opererer med er gjennomsnitts prosentpåslag på alle produkter. Da kommer Egypt i topp på 66%, tett fulgt av Norge og Korea på 53. Andre interessante land er Tyrkia 41, Sveits 33, Island 25, EU 13, Etiopia 22, Gambia 17. Flertallet afrikanske land ligger rundt 20% i denne sammenligningen.

Eksempler på norske tolltariffer:

Storfe biff og filet: 344%.
Melk mellom 1 og 6%: 388%
Potet: 2,17 kr/kg
Tomat: 12,21kr/kg sommerstid
Ost: Brie og lign. 27,15/kg.
Vanlige oster: 277%
Smør: 25,19/kg

Norge har altså ikke bare tollavgifter som er veldig mye høyere enn i EU. Vi har også tollavgifter som ligger betydelig over alle U-land. Generelt pleier man å si at det er lurt for et U-land å ha en del toll for å forhindre at maten som produseres i landet forsvinner ut og dermed øker problemene med sult og matforsyning. I Norge sulter vi neppe. I stedet har vi sørget for å beskytte våre landbruksprodukter i et omfang som overgår det meste.

For et i grunnen rikt land som Norge ville det ha vært lurere å begrense bruken av toll for å få mer dynamikk i markedet. Å få inn flere produkter utenifra, å få bedre konkurranse i det nasjonale markedet, å få billigere mat for folk flest. I stedet vet vi hvordan det er. Norge har valgt en metode som skal stenge ute så mange varer utenifra som mulig, med hensikten å bevare norsk landbruk. Et interessant prosjekt i og for seg. Ingen andre land har forsøkt seg på den slags manøver. I stedet har man prøvd å tilpasse seg omverden. I Norge bevarer vi kanskje et stykke kulturhistorie, men til en høy pris.

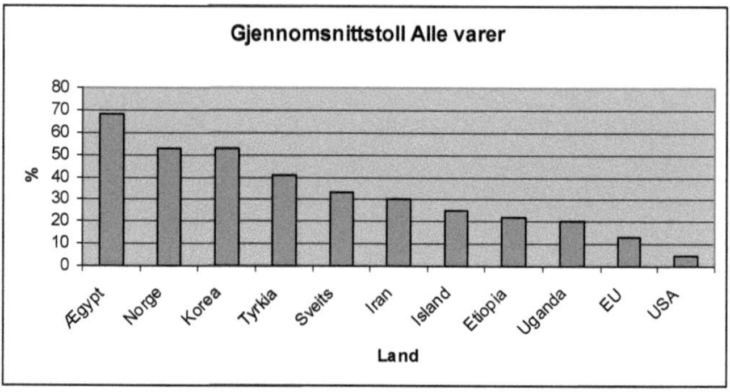

Hva skjer hvis krisen kommer?

Hva sier da talspersonerne for dagens norske landbrukspolitikk? Jo, utover at det oppleves som hyggelig med et åpent og brukt landskap, er den hovedsakelige grunnen til at vi har et såpass gjennomregulert og beskyttet system, at dette er nødvendig for å sikre matforsyningen i tilfelle at landet rammes av krig eller andre alvorlige hendelser.

Desember 2011. Det er smørmangel i landet. Det har man vært klar over en tid, men ingenting er blitt gjort før katastrofen er et faktum. Enkelte steder er det ikke smør å finne i butikkene. Det blir revet vekk av gjerrige husmødre som er opptatt av å komme i gang med julebaksten. Nå skjer det dog ting raskt. Plutselig blir tollavgiften senket fra 24 kr/kg til 4 kr/kg. Dette gir mulighet til å ta inn smør fra Belgia. Belgia er et land som er med i EUs indre marked. Derfor er det mindre sannsynlig at et EU-land står uten varer. I Norge står vi alene. Hvis vi ikke foretar en midlertidig senkning av tollavgiften da.

Midt i tilstanden av smørmangel nås vi av nyheten at en ung gutt ved navn Håvard har funnet på en vanvittig god forretningside. Han har kjøpt opp smør der det har vært mulig, og nå sitter han på et mindre fjell av deilig norsk smør. En vare som lavkarbo-nisser og julebakst-gjerrige folk gjerne ønsker å få seg en del av. Selvsagt har den godeste Håvard ikke gjort dette for å være snill. Han selger ikke smøret sitt billig. Han legger et par hundre prosent på innkjøpsprisen før han slipper det fra seg.

En smart måte for en ung og frampå gutt å tjene penger på. Ikke sant? Det kan så være. Problemet er at dette er en forsmak på hva som vil skje hvis Norge rammes av mangel på matvarer, for eksempel som følge av krig eller en internasjonal krise, da vi ikke like enkelt kan senke tollavgiftene og ta inn nydelig smør fra Belgia. Den store fordelen vil da være at vi har en fungerende mat-produksjon i landet. Ulempen blir at de varer som det blir mangel på, vil bli rasjonert, det vil si at hver statsborger blir tildelt et visst antall per tidsenhet. En pakke smør hver uke. Det som også vil skje er at folk som er forutseende og har kapital (og svært kjøleskap), kan kjøpe på seg smør og selge det dyrt når etterspørselen stiger. De som produserer smør kan også ta unna smør til seg selv og for videre salg på et sort marked. Usannsynlig eller sann-synlig? Veldig sannsynlig. Akkurat dette skjedde i stor omfatting under andre verdenskrig. Enkelte norske bønder og flertallet andre drev med svarte børsaktiviteter og tjente godt på det samtidig som de selv kunne spise av den mat de selv hadde tilgang til.

Oljekrisen 1973. Hvis verden rammes av matkrise, tenker man seg at Norge vil klare seg grunnet sin proteksjonistiske landbrukspolitikk. Man vil da være mer eller mindre selvforsynt, i hvert fall på en del varer. Når det gjelder olje er Norge mer enn selvforsynt. Nesten alt eksporteres. Hvordan var det da i 1973? Under oljekrisens dager. Da hadde vel ikke Norge noen problemer med mangel på olje og bensin, selv om vi på den tiden akkurat hadde begynt å pumpe olje? Jo!! Det hadde vi. Det var forbudt å kjøre bil i helgene, bensinstasjonene ble nødt til å ha begrenset åpningstid og det fantes planer om å innføre konkret rasjonering fra og med 1 januar 1974. Omtrent på samme måte som i andre land. Selv Kong Olav ble sett på Holmenkollentrikken. Ingen forskjell altså. Vi kunne ikke benytte oss av vår fordel. Kanskje en misvisende sammenligning. På litt lenger sikt hadde vi sannsynligvis hatt muligheter til å få fram olje til oss selv, hvis vi hadde ønsket det. Men sammenligningen er likevel interessant. I en krisesituasjon kommer vi til å ha mye lokal mat, men kommer ting til å gå som forventet?

Eksportstøtte

En kilo Jarlsberg får ca 15 kr i støtte pr kilo i eksportstøtte. Forklaringen er at det produseres for mye melk i Norge og at det da oppleves som et lurt tiltak å eksportere en del av overskuddet i form av ost. For å få ned prisen på osten, slik at den blir konkurransedyktig i utlandet, brukes eksportstøtten. Det vil si at for melk som alle rede er dyr, betaler norske konsumenter ytterligere et par kroner ekstra for å gi osteprodusenten mulighet til å tjene penger utenlands.

Det går til og med an å få tak i Jarlsbergost så langt unna som i USA. Hva skjer hvis noen ønsker å selge amerikansk ost i Norge? Får de noen eksportstøtte av den amerikanske staten? Neppe. De får i stedet en regning fra norsk tollvesen på 277%, avhengig av hva slags ost det dreier seg om.

Er det etisk å sette opp tollmurer?

Som en del av EØS-samarbeidet har Norge lovet og på sikt senke sine tolltariffer for å komme nærmere EU-nivå. Dette ifølge diverse artikler i avtalen. Tanken er at samarbeidspartnerne ikke skal sette opp handelshinder mellom hverandre. Derfor ble EU litt sånn betenksom da Norge i 2013 besluttet seg for å øke tollen på enkelte typer av ost, kjøtt og planter. I stedet for å beregne en kilobasert tariff, gikk man over til å beregne prosentvis. Det høres vel ikke så farlig ut. Toll er toll. Man var dog lurere enn som så. Man passet selvfølgelig på å dra til med en tilstrekkelig høy prosentsats, slik at all utenlandsk konkurrens føyes vekk i en sving. Dette med å beregne prosent i stedet for pr kilo er selvsagt lurere uansett. Da risikerer man neppe at tollen plutselig blir for lav og derfor må justeres på nytt. Prosentpåslag er mer bestandig. EU var altså ikke særlig positiv til denne kraftige tolløkningen, som selvsagt er ren proteksjonisme med hensikt å favorisere norske produsenter. Tapene er som vanlig de norske konsumentene som må leve med høyere pris og dårligere utvalg.

Men, er dette rettferdig? At Norge holder unna enkelte varegrupper fra et felles marked. Vi vil jo gjerne at norsk fisk, olje og andre produkter skal kunne selges i EU. Hva om et land, eller hele EU fant på å legge toll på norske fiskefileter? Eller Nordsjøolje. Det ønsker vi selvsagt ikke. Det ville jo skade norsk industri alvorlig og sette hele landet i ubalanse. Men selv ønsker vi likevel å hindre andre land i å eksportere til oss. Norsk toll på landbruksprodukter er blant de høyeste i verden. Norge står i særklasse blant de land som regnes som mer utviklede. Selv i fattigste Afrika er det vanskelig å finne land som bedriver mer proteksjonisme enn Norge.

Forståelsen fra andre land ville kanskje vært større hvis Norge hadde drevet med begrenset proteksjonisme. Noen prosent her og noen varegruppe der. I stedet har man sikret seg ved å stenge ute så mye som mulig med skyhøye tariffer. Noen større moderasjon virker heller ikke å være i sikte. Det er synd, ettersom norsk landbruk ville hatt store muligheter til å overleve selv med noe lavere tariffer. Dog sannsynligvis i noe forandret form.

Andre tollbelagte varer

Norske tolltariffer nevnes oftest i forbindelse med matvarer. Det finnes dog en god del annet som staten ønsker å få inn toll på. Som vi tidligere har nevnt, er som regel hensikten med toll, ikke å få inn penger til statskassen, uten å beskytte norske bedrifter mot konkurranse fra utlandet. Da er det også logisk at enkelte varer kun er beskyttet i de perioder på året da vi har egen produkjon i Norge.

Blomster og planter: Hva sier du til å betale 249% i toll på roser? Så høy er tollen i tidsrommet 1 april til 30 oktober. Andre deler av året da norske produsenter ikke anses å kunne produsere roser er tollen lavere. Er kona/mannen fornøyd med en enkel pelargonia, så kommer du unna med 51% i toll.

Klær: Mange vanlige klær er pålagt toll med 10,7%. Skjorter, frakker, gensere og så videre.

Alkohol, tobakk, biler: Tunge avgifter. Se mer i annet kapittel.

Visdomsord fra Tollvesenet:

"Personer som kommer tilbake fra utenlandstur har gjerne med seg diverse varer som er kjøpt på turen. Dette kan være alt fra solkrem og bleier til småelektronikk og klær. I tillegg kjøper mange alkohol og tobakksvarer.

Det ville vært svært upraktisk både for de reisende og tollmyndighetene om det skulle vært beregnet toll og avgifter for alle disse varene ved innreisen. Det er derfor gitt tollfritak for varer under visse beløpsgrenser (reisegods). Varene trenger da heller ikke å legges fram eller deklareres for tollmyndighetene ved grense-passering."

En må si at Tollvesenet er sjenerøse. Vi trenger ikke å betale toll og moms for alt vi fører over grensen. Det finnes tollfritak. Dette er fine greier. Tollen synes det blir litt sånn upraktisk å sjekke hva alle har med seg når de kommer hjem fra en reise. Slitsomt lissom. Hvis det hadde funnets en måte å kontrollere, ville Tollvesenet kanskje ha gjort det. Tenk selv. Tollvesenet kunne jo ha valgt å avkreve alle reisende en skjønnsmessig tollavgift for 6000 kr. I stedet sier de at de første 6000 er tollfrie, selv om det egentlig er tollpliktige varer som føres over grensen. Dette er storsinnet av Tollvesenet.

Ellers finnes det også et tillegg til tollfritaket på 6000 kr (3000 kr hvis du er borte mindre enn 12 timer). Alkohol, tobakk, kjøtt og dyrefor er begrenset selv innenfor de 6000 kronene. Vi bemerker oss her at selv sigarettpapir er begrenset og tollbelagt.

Toll- og momsfritak, 350-kronersregelen: Bestiller du varer fra utlandet hvor sendingen har en verdi på under 350 kroner, er den avgiftsfri. Det betyr at du verken skal betale moms eller toll på varen. Du kommer også unna tilleggsgebyret på et par hundre kroner for selve toll- og avgiftsbehandlingen. Men uansett et flott tiltak av Tollvesenet og la oss komme unna toll og avgift på kjøp for under 350 kroner. Men egentlig, hvis du selv tar med varer over grensen, så kan du jo ta inn ting til en verdi av 6000 kroner. Så hvorfor bare 350 når varene sendes i posten??

I 2015 øktes fribeløpet fra 200kr til 350kr. I debatten som foregikk økningen, hevdet mange norske forhandlere at dette var en gigantisk trussel. Kan det til og med bli slutten for norsk handel, spurte de seg. Det tror nok ikke konsumentene. Norge ligger litt på kanten av EU. Vi er med i EØS-avtalen, men har likevel ikke momsfritak for varer som beveger seg innenfor området, slik som EU-landene har mellom hverandre. Derfor er det svært upraktisk å begrense handelen på denne måten, uansett om norske forhandlere mener at det er helt nødvendig. EU-landene er jo våre fremste handelspartnere.

GAMLE GODE FORBUD

Det finnes faktisk en god del gamle forbud som ikke finnes lenger. Selv om de har gått ut på dato, vil de sannsynligvis bli husket lang tid. I tilfelle du savner et eller annet forbud, må du bare ha tålmodighet. Det kommer kanskje igjen. Det vet en aldri.

Skateboard

Den 1 september 1978 blir Skateboard forbudt i Norge. Eller rullebrett som det heter på god norsk. Det var en følge av at Skateboard-bølgen nådde helt opp til Norge. Ungdommer bygget ramper og kjørte omkring litt sånn overalt. Politikerne reagerte med ryggmargen. Dette var farlig og ikke bra for ungdommen, mente man. Derfor måtte det selvsagt forbys. Forbudet varte helt til 1989.

Dette er et typisk eksempel på norsk tenkemåte. Noe er nytt og virker farlig. Det kommer dessuten fra USA. Det er ikke bra for folk å kjøre rullebrett. Ungdommene kan bli skadet og folk flest risikerer å bli påkjørt på fortau og gater. Slik kan vi ikke ha det. Det må helt enkelt forbys. En imponerande mengde byråkrater engasjerte seg i saken. LO, Naturvernforbundet, Statens forurensingstilsyn, Samferdselsdepartementet, Forbrukerrådet, Produkt-kontrollrådet, Barn- og familiedepartementet, Statens vegvesen, Norges handelsstands forbund, med flere. Alle var de urolige for det nye og forferdelige rullebrettet. Og politikerne var ikke sene med å totalforby. Det hastet jo veldig. En hel ungdomsgenerasjon risikerte å forderves.

I dokumentaren *Brettkontroll*, forteller de som var unge den gangen om hvordan politiet plutselig kunne dukke opp å gjøre razzia. Da gjaldt det å løpe ut i skogen for å ikke få brettet sitt beslaglagt. Enkelte gjorde også akkurat det. Holdt seg inne i skogen og bygget skjulte skateboard-ramper. Så lenge det varte før politiet fant det ut og ble nødt til å ødelegge de farlige installasjonene.

Red Bull

Energidrikken Red Bull var forbudt i Norge frem til 2009. Lure norske myndigheter klassifiserte drikken som legemiddel og kunne holde den borte fra norske konsumenter grunnet høyt koffeininnhold. 2009 endres EØS-reglene for koffeininnhold, slik at det ikke lenger kan klassifiseres som legemiddel. Merk, det var altså ikke norske myndigheter som opphevet forbudet frivillig.

Red Bull inneholder betydelig mindre koffein enn kaffe, men noe mer enn Coca-Cola.

Vannscooter

Mellom 2001 og 2013 var vannscooter forbudt i Norge. Deretter fant man ut at det særnorske forbudet ikke var lov ifølge EU-regler. Nå er det derfor lov å kjøre, men bare hvis man holder seg 400 meter utenfor kyst og øyer. I innsjøvann gjelder 500 meter. Det er også lov å transportere seg de 400 meterne i 5 knop. Til tross for at mange småbåter lovlig kan kjøre litt overalt og ikke trenger å holde seg utenfor et visst belte, er det altså ikke lov for vannscootere.

Segway

Fram til juni 2014 var det forbudt å kjøre denne tingesten på offentlige veier i Norge. Heller ikke på stier og fortau, som den egentlig er designet for. Segway er et amerikansk produkt som har funnets siden begynnelsen av 2000-tallet. Hastigheten er passe lav og i de land der den har blitt klassifisert som sykkel, har det ikke blitt noen problemer, men i andre land blir den klassifisert som moped eller motorsykkel og da går det dårlig, ettersom den slags kjøretøy må være utstyrt med skilt, brems, lys mm. I Norge ble den klassifisert som moped. I flere land har den blitt populær som politi- og vekterkjøretøy. Spesielt på plasser der det er vanskelig å ta seg frem med bil. I flere byer brukes den også til sightseeing for turistgrupper. Det gjenstår å se om opphevelsen av Segway-forbudet var den største innsatsen for frihet som Solbergregjeringen fikk i stand. Kanskje med unntak for forbudet mot proffboksing som ble opphevet i januar 2015.

Betalkort på Polet.

I 2009 ble det lov å handle med kredittkort på Vinmonopolet. Da hadde det alle rede vært lov å handle med debetkort en tid, det vil si kort som har knytting til en konto der det garantert finnes penger å trekke. Tanken med forbudet var selvsagt, i god gammel norsk stil, at folk ville lokkes til å handle unødvendige ting for penger de ikke hadde i lommeboken, men bare som sifrer på en bankkonto.

Samboskap, homofili og løse forbindelser

Samliv mellom mennesker har ofte vært formål for lovgiveren. Frem til 1972 var det, i følge norsk lov, forbudt å leve som samboer. Det var heller ikke lov til å utøve homosex, i hvert fall ikke for menn. Lovparagrafen gjaldt bare personer av "handkjøn". Loven ble dog lite håndhevd ettersom den med tiden som gikk, ikke var i trå med rettsoppfatningen hos folk flest.

Straffeloven av 1902 §213 inntil 1972:

"Finder utuktig Omgjengelse Sted mellom Personer av handkjøn, straffes de, der heri gjør seg skyldige eller som medvirker dertil med Fængsel indtil ett Aar. Med samme Straf ansees den, som har utuktig Omgjengelse med Dyr eller som medvirker dertil. Paatale finder sted naar det paakræves av almene Hensyn"

Straffeloven av 1902 § 379 inntil 1972:

"Den, som trods Paatalemyndighedens Advarsel, fortsætter et offentlig Forargelse vækkende samliv i utugtig Omgjængelse med en Person af det andet Kjøn, straffes med Bøder eller Fængsel i indtil 3 Maaneder."

Sprit

Forskjellige former av forbud mot alkoholholdige drikker ble innført i mange land ved tiden rundt 1920. Mest kjent er sannsynligvis den amerikanske forbudstiden. I Norge var man 1916 tidlig ute med et brennevinsforbud. Det ble værende til 1927. Øl og hetvin var til tider også forbudt. I denne perioden ble også Vinmonopolet dannet. Det sørget i fortsettelsen for at handelen ble kontrollert og besvangret med drøye avgifter for å holde forbruket nede.

OM NYTTEN AV ET OLJEFOND

For mange er det en selvfølge at Norge må ha et oljefond. Det vil si at overskuddet fra norsk oljeindustri investeres i et fond i stedet for i større utstrekning konsumeres eller investeres i konkrete ting her og nå. Tanken er at de fonderte pengene skal kunne brukes en gang i framtiden. Til noe. Litt uklart hva, men til noe som kan være bra hvis oljen ikke går å pumpe opp i samme omfang som før. Vi kan også si at de investeringer eller den konsumpsjon som kunne ha blitt gjort nå, mens pengene tjenes inn, får stå tilbake for framtidig konsumpsjon og investeringer.

Her slår politikerne og økonomene dessuten fast at pengene uansett ikke kan brukes akkurat nå, fordi at det vil årsake inflasjon. Det kan være riktig, eller ikke. Det er vanskelig å vite. Det vi kan se på er hvordan andre land har håndtert lignende situasjoner. La oss si at Finland, der de største næringer er skog og mobiltelefoni, skulle sette alle overskudd fra disse næringene i et fond, i stedet for å la de arbeide i økonomien som vanlig. Ville det ha vært lurt? Det vil si at Finland ville ha latt være å konsumere og investere nå, for å vente med å gjøre det til en gang i framtiden? Forutsatt at staten hadde hatt mulighet til å få tak i hele overskuddet fra disse næringene. De er jo i hovedsak ikke statlige på samme måte som den norske oljen. Ville det være et lurt trekk av diverse Araberland å la være å smelle opp luksusprega bygninger, og i stedet spare pengene for framtiden?

Videre kan vi lure på hvordan et land skal gjøre det for å kunne bruke sine naturtilganger uten å rammes av inflasjon og andre bakslag. I følge norsk synsvinkel, kan oljepenger kun brukes i noe større omfang hvis man har ledig kapasitet i økonomien. Det vil si at vi må ha høy ledighet og nedgang i økonomien. Da kan det være aktuelt å plukke fram oljepenger uten å forårsake inflasjon. Men hvordan gjør man i andre land? Sitter man og venter på lavkonjunktur før man benytter seg av sine naturtilganger? Neppe. Gamle Keynesianske tankeganger er fremdeles i bruk, det vil si at man holder tilbake en del offentlige investeringer i høykonjunktur, for i stedet legge på mer gass i nedgangstider. Men generelt finnes det ikke mange land som bevisst sitter og holder tilbake inntekter fra naturtilganger eller industri, slik man gjør i Norge. I stedet sørger man for å kontinuerlig bruke penger på investeringer i infrastruktur, offentlige bygg eller hva det enn må være. Hvis man ser på et økonomisk framgangsrikt land som Japan, som hadde veldig sterk økonomi gjennom flere desennier, må man innse at de var i stand til å investere stort uten å være redd inflasjon. År etter år. Omtrent slik man gjør i Kina og i mange andre land akkurat nå. I Norge er dette med å bruke penger til investeringer, store saker som tydeligvis må planlegges nøyaktig. Det går ikke an å bare hive seg på store prosjekter bare sånn. I andre land bygger man skyskrapere, høyhastighetstog, og til og med motorveier som går rett over fjellene. I Norge blir dette alt for vanskelig og alt for risikabelt. Selv å bruke penger på nødvendig vedlikehold er tvilsomt.

Dette med at man i Norge mener at inntekter som tjenes inn i en periode, ikke kan brukes i den samme perioden de tjenes inn i, er sannsynligvis en ganske unik holdning, i hvert fall i det omfanget som det praktiseres her til lands. Det kan bli interessant for den som lever så lenge, å se hvis dette er en smart holdning eller ikke. Er det lurt å holde tilbake nødvendige investeringer nå, for å i stedet håpe på at disse pengene skal gi større utbytte en gang i framtiden? Et annet problem er at mer enn halvparten av oljefondet er investert i verdipapirer. Det innebærer at hvis det blir et krakk, rammes også det norske oljefondet og pengene går tapt. Da kunne det vært lurt å ha brukt de opp mens det var mulig. Da ville landet i hvert fall hatt fungerende infrastruktur som en god grunn å stå på. La oss si at verdien på oljefondet synker med 10% og ikke kommer seg. Da har vi teoretisk sett tapt 300 milliarder. Penger som i stedet kunne ha blitt brukt til infrastruktur. Man får ganske mye for 300 milliarder.

Et annet aspekt er at hvis Norge fortsetter på den samme veien og lar være å investere i noen større utstrekning, er spørsmålet hva som vil skje når oljen virkelig tar slutt og Norge trenger å bruke pengene som ligger i oljefondet. Eller hvis oljeprisen synker til et nivå der det blir ulønnsomt å pumpe den opp. Har man da mulighet til å bruke pengene til veier, jernbaner, sykehus eller dårlig vedlikeholdte skoler, eller blir man i stedet nødt til å bruke pengene til det aller nødvendigste? Det vil si å få budsjettet til å gå opp. Vi må altså huske på at landet da er i en situasjon med nedgang og press i statsbudsjettet. Vil vi da virkelig ha råd til svære investeringer, eller råd til å starte opp nye næringer? Eller må de fonderte pengene brukes til ren brannslukking? Hvis vi i stedet hadde gjort vårt beste for å investere i infrastruktur mens vi hadde penger, ville vi i hvert fall stått sterke den dagen da oljemarkedet sviktet.

Den spanske syken

I en artikkel i Nettavisen har man fått tak i en norsk akademiker, virksom i Estland, som heter Erik S. Reinert. Han (og diverse andre økonomiske historikere) har en interessant teori som knyttes til Spanias innførsel av gull fra koloniene i Amerika på 15-, 16- og 1700-tallet. Hamstringen av gull førte til at landets egen industri og håndverk ble underutviklet. I stedet for å investere i eget produksjonsapparat satt man still i båten og trodde att gullreserven var tilstrekkelig garanti for velstand. Reinert hevder at vi gjør akkurat det samme i Norge. Vi oppfører oss som en nasjon som skal gå av med pensjon og tror at alt vi gjør skal lede til inflasjon. Han tror altså mer på at vi er rammet av den spanske syken enn den nederlandske. Den nederlandske syken refererer til de store nederlandske funnene av gass på 60-tallet. Da inntektene fra gassen minsket var det vanskelig å få budsjettet til å gå ihop ettersom hele landet hadde vært dopet av disse midlertidige inntektene fra gass. Vi tør ikke en gang å moroe oss. Til tross for at oljefondet øker med flere hundre milliarder hvert eneste år, har vi likevel ikke råd til å arrangere OL. Et slikt svært arrangement kan jo faktisk gå i minus. Det er en risiko vi absolutt ikke kan ta. Vi er sannelig en nasjon som har gått av med pensjon og sitter og vakter på det svarte gullet vårt.

Om oljeland med gater av gull

Vi går gatelangs i Dubai. Det er egentlig alt for varmt til å være ute å spasere, men vi gjør det likevel. Bare for å kunne ta inn og nyte all denne luksus på nær avstand. Høye bygninger. Kunstige øyer. Det meste ser flott og dyrt ut. Vi har også fått vite at man i flere oljeproduserende araberland ikke betaler skatt. Likevel får statsborgerne gratis helsehjelp, gratis utdanning og mye annet. Man kan til og med få over 100 000 kroner som ekstra tilskudd når man gifter seg. Bare for å komme i gang lissom. I de oljeproduserende landene Venezuela og Mexico, kan vi ta en titt på bensinprisen. Den ligger veldig nær verdensmarkedsprisen, innimellom til og med under. Ingen høye drivstoffavgifter som i mange andre land.

Hvis vi i stedet ser til det oljeproduserende landet Norge, er bildet et helt annet. Når det kommer til luksus stikker vi ikke ut på noen måte i forhold til andre land som ikke produserer olje. I stedet har vi problemer med å fylle opp kommunale svømmebassenger. Skoler, sykehus og infrastrukturen kunne absolutt ha trengt et løft. Dessuten kjenner vi ikke igjen dette med skattefrihet. Til tross for all oljen, har vi en av verdens høyeste skatter og i tillegg får vi betale høye avgifter på litt av hvert. Bomstasjonene dugger tett og bensinprisen er saltet av skatt og avgift. Vi kan enkelt konkludere med at den oljeproduserende norske stat ikke har store planer med å forsyne oss med gratis goder, slik man gjør i en del andre oljeproduserende land. I stedet er det staten som ser til å ta inn penger fra oss innbyggere.

Hvordan er da dette mulig? At det går an! Hvorfor kan enkelte oljeland bade i luksus, mens andre sliter med å få regnestykket til å gå opp? En del av hemmeligheten er at godene i araberlandene ikke gjelder for alle. De gjelder fullt ut bare for statsborgere, ikke for gjestearbeidere, som det finnes en god del av. Dermed blir et stort statsbudsjett fordelt på et relativt lite antall statsborgere. Oljeinntektene er altså store nok til å dekke hele statsbudsjettet. Slik er det ikke i Norge. Der forventer alle de 5 millioner innbyggerne seg samme service, og statsbudsjettet ville ikke ha kunnet dekkes av oljeinntekter selv om alt sammen ble brukt. Det ville kun ha holdt til å dekke omtrent en fjerdedel, eller muligens en tredjedel.

Men uansett er det en spennende tankemodell. At enkelte land har som målsetting å forsyne innbyggene med goder, mens vi i Norge har de motsatte holdningene, selv om vi teoretisk sett kunne ha finansiert en god del av statsbudsjettet med oljepenger. Men, nei. Ikke å tenke på. Staten må uansett få inn sine penger!

I en artikkel i Aftenposten lar man en økonomiprofessor spekulere i dette med å dele ut oljepenger til folket. Det har man innimellom gjort i Alaska, sier han. På spørsmålet om dette kan være en idé å ta etter her i Norge, sier han at, jo det kan gå helt fint det, MEN det vil jo også innebære at staten får større utgifter og derfor må det enten til utgiftsredusering eller høyere skatteuttak. Altså, hvert år tilføres oljefondet omlag 350 millioner kroner. Det professoren mener er at hvis man deler ut 100 millioner av oljeoverskuddet et år, må staten kompenseres med økte skatter slik at oljefondet likevel tilføres 350 milliarder. Har professoren tenkt feil, eller har avisen misforstått hva han egentlig mente? Sannsynligvis ikke. Det er så vanlig å tenke på den måten i norsk økonomi, at det er få som reflekterer over at resonnementet er tullete. Man er så dypt inne i tanken på at staten må få inn penger, at man ikke ser forskjellen på et budsjett i balanse og et svært overskudd som faktisk skulle kunne deles ut eller brukes. Hvis vi ikke hadde hatt inflasjon og flaskehalser i økonomien da.....

OM Å BYGGE EN VEI

Vi har allerede konkludert med at vi i Norge ikke er glade i å investere penger i infrastruktur, selv om vi egentlig trenger det. Og selv om vi faktisk har råd. For tiden brukes inflasjonsspøkelset som unnskyldning. Store investeringer vil føre til alt for høy prisstiging. Derfor må vi vente. Dessuten finnes det stor skepsis mot å bruke oljepenger i det hele tatt. Mye bedre å bruke oljepenger en gang i framtiden. Mens nordmenn går og tenker på infrastruktur i stedet for å bygge den, investerer man i andre land kontinuerlig i ny infrastruktur. Inflasjon eller ikke. Spesielle fond eller ikke. I tillegg bygger man boliger, skyskrapere, sykehus, nye byer og alt mulig rart. Hvorfor skal da et land som sies å være verdens rikeste, stå stille å se på mens alt flere land moderniserer sine veinett? Nylig passerte vi Albania i den litt sånn uoffisielle konkurrensen om hvem som har den mest langsomme forbindelsen mellom landets to største byer. Plutselig har det lille fattige landet Albania, utstyrt med EU-penger slått til med å bygge fine motorveier over fjellene og lar dermed Norge stoltsere med førsteplassen. Det sammenlagte motorveinettet skal visstnok også være en god bit lenger enn i Norge, til tross for at Albania er et betraktelig mindre og fattigere land. E18 gjennom Vestfold er ca 8 mil lang. Når firefelts motorvei er klar hele strekningen har det tatt 19 år å bygge. I Albania sies det at de kun brukte tre år på å få en strekning med 15 mil vei klar. Det sier også en del om at norske veiprosjekter kvernes i byråkratiet før det blir noe bygging ut av det.

En gang for lenge siden kunne vi i Norge bygge en 50 mil lang jernbane som strekte seg over fjellet og til slutt endte i Bergen. Det var i en tid da man bygget jernbaner over hele verden. Til og med i Norge. Hvis vi sammenligner med forutsettingene den gangen, har vi nå tilgang til betydelig mer kapital. Vi har også tilgang til avanserte maskiner og høyteknologiske hjelpemidler og bedre utdannet arbeidskraft. Det burde altså være ganske enkelt å få til en satsning på infrastruktur. Svenskene klarte dette ganske nylig. Å bygge en passe lang jernbane. Botniabanen er 19 mil lang og løper langs kysten i Nord-Sverige. Dette til tross for at Sverige er et land som er kjent for å slite med dårlig økonomi. Banen kommer i tillegg til den gamle Norrlandsbanen som går noen mil lenger inn i landet, hvor det ikke bor så mye folk.

I følge en Vegdirektør som bladet *Dine Penger* har snakket med, skal det være mulig å oppgradere norsk veinett til god standard av europeiskt nivå for omtrent 250 milliarder kroner. Det vil si litt mindre penger enn hva som overføres til oljefondet hvert år. Ett enkelt år altså! Kun et år. La oss si at vi lar oljefondet få litt mindre tilskudd og bruker et par hundre milliarder til å bygge og oppgradere veier. Vi skulle også kunne fly inn utenlandsk arbeidskraft og bruke så mye utenlandsk materiale som mulig, slik at inflasjonseffekten blir lav. Ville ikke det ha vært en god idé? Vi ville ganske raskt få oppgradert en del av infrastrukturen samtidig som oljefondet neppe ville blitt svekket. Med tanke på at størrelsen på fondet er i overkant av 5000 milliarder, så ville et par hundre milliarder verken gjøre til eller fra.

Det høres enkelt ut. Likevel er det neppe noen som har tro på at det noensinne vil skje. Hva innebærer egentlig det? Kan det være sånn at vi faktisk ikke kan lenger? Altså ikke det at vi ikke har nok teknologi eller know-how, men bare det at vi ikke har noen visjoner eller vilje lenger. Slik som vi hadde den gangen vi fikk bygget Bergensbanen uten spor av oljepenger. Det høres ille ut, men kan dessverre være sant. Hva kan ellers være forklaringen på at et oljefond som oppgår til ufattelige 5000 milliarder ikke blir brukt? Det finnes ikke en gang seriøse planer om hvordan det eventuelt skal brukes en gang i framtiden. Hvis en vanvittig rik person plutselig dykket opp og ga Norge 200 milliarder til å bygge veier og jernbane for, er det noen som tror at vi ville ha tatt imot gaven? Eller ville vi ha prøvd å smugle inn pengene i oljefondet til å brukes en annen gang? Det kan faktisk være sånn at vi et sted under reisens gang fra fattig avkrok i utkanten av Europa til et passe moderne og høyteknologisk land, har mistet evnen til å brette opp armene å få noe gjort. Vi sitter fast i den gamle forestillingen om at Norge er et lite land som ikke skal hevde seg på disse områdene. Vi skal ikke gjøre noe storslått som de har gjort i Dubai. Det er sløsing. Vi skal ikke engang foreta normale investeringer i infrastruktur, noe som alle mulige land har fått til uten oljepenger. Vi sitter heller stille i båten og ser oljefondet vokse. Det føles bra. Og trygt. Vi trenger ikke å gjøre noe. Vi kan bare melde fra at det siste året har hver norsk statsborger blitt si eller så mange tusen kroner rikere. I teorien altså. Såfremt ikke fondet plutselig begynner å krympe på grunn av nedgang i verdipapirmarkedet.

Hvorfor er egentlig norske veier så innmari dårlige?

"Det nytter ikke å prøve å bygge bort køene i byene. De nye veiene blir fulle av biler med en gang."

Det er mange som har spurt seg det. Hvorfor Norge som jo sies å være et rikt land, ikke har bedre veier. Enkelt! Det er et kupert land med mye fjell. Dessuten liten befolkning på stor overflate. Riktig. Det kan være en del av forklaringen, men det er ikke nok. Det finnes mer å hente her. Vi begynner ved slutten av andre verdenskrig. På den tiden regulertes bilinnkjøpene med hensikt å holde handelsbalansen i sjakk. Man ønsket ikke å importere dyre og luksusprega varer. I stedet satset man på det helt nødvendige. Norge var et fattig land som trengte å komme seg etter flere år av okkupasjon. Mangelen på biler førte også til at man ikke trengte å satse noe særlig på veibygging. På den her tiden fantes det få asfalterte veier i Norge. 92% var grusveier.

Da bilreguleringen ble fjernet i 1960 betraktet staten fremdeles bilen som en luksusartikkel. Derfor la man på tunge avgifter, noe som førte til at ikke hvem som helst hadde råd til å kjøpe bil. Dermed fantes det heller ikke behov for de helt store satsningene på veibygging. I 1962 la Trygve Bratteli likevel fram en plan om å bygge 80 mil firefelts vei i Sør-Norge. Merk at dette var før oljepengenes tid. Planen ble dog aldri gjennomført, men måtte vike for smale og svingete tofeltsveier. Grunnen til dette var at loven på den tiden stilte krav til lokal medfinansiering. Dermed var distriktspolitikken et faktum. Det bygdes faktisk veier i Norge, men ikke nødvendigvis der det bodde mye folk. Heller der det gikk å få til lokal medfinansiering. Dessuten var det større prioritet å faktisk bygge vei i det hele tatt enn å bygge motorvei.

"Norge gjorde kjempestore investeringer i veinettet på 70-tallet. Men vi bygget ikke i byene eller tettbygde strøk. Stamveinettet ble satt på vent, mens områder med liten trafikk fikk nye veier. Dette var steder som var truet av fraflytting. På en tabloid måte kan en si at folk fikk fine veier å kjøre flyttelasset sitt på", sier en forsker ved UiO.

I Norge ble det bygget smale tofelts veier gjennom 70- og 80-tallet. Svenskene bygget 13 meter brede tofelts veier med veiskulder. Her kunne bilistene slippe andre trafikanter forbi. Særlig var det nyttig når personbiler skulle passere saktekjørende lastebiler. Da kunne en legge vogntoget bak seg, uten å krysse midtlinjen. Men slike veier ville ikke Statens vegvesen ha noe av. De sverget til den smalere varianten på ti meter. Fra Mastemyr og sørover på Mosseveien ble det laget 13 meters vei.

"Den ble veldig ulykkesutsatt, og langt flere ble skadd enn på våre smalere veier. Nordmenn viket nemlig ikke for andre bilister. Her kjørte folk midt i veien og slapp ingen forbi. Dermed kom det mange farlige forbikjøringer som førte til ulykker. På de smalere veiene var nok folk mer forsiktige", forteller forskeren.

"Hvorfor klarte ikke nordmenn å kjøre trafikksikkert på disse veiene, når svenskene klarte det? – Det vet jeg ikke. Vi har vel et annerledes lynne og en annen kjørekultur", sier Aksnes, forskere ved UiO.

Dermed ble det ikke mer satsning på brede veier i Norge, før utbyggingen av strekninger med firefelts motorvei på 90-tallet. Det er også vanskelig å bygge veier med midtdeler. I Norge koster det rundt 10 millioner kroner per kilometer med midtdeler. Det er ti ganger så dyrt som i Sverige. Der er veiene ofte brede nok, slik at de kun trenger ny veioppmerking før det kan settes opp midtdeler. I Norge må veien utvides først.

Det høres komisk ut at nordmenn i tillegg til alt annet som er særnorsk også har særnorsk kjørekultur – nordmennene slapp ikke forbi andre på Mosseveien. Men det kan ligge noe i det. Nå når det faktisk finnes firefelts motorveier rundt Oslo, kan man legge merke til at det innimellom går passe sakte i venstrefilen. Det ligger altså en bil i omkjøringsfilen og kjører i 80 og forårsaker lange køer, helt unødvendig. Det er også vanlig å komme bort i biler som plutselig skifter fil, fra høyre til venstre, med minimal margin. Akkurat som man gjør på ringleder inne i byen, med den forskjellen at man da ikke ligger i 100 km/h. Et annet problem er motorveispåfartene. Her må de som kjører inn på motorveien prøve å komme seg inn i høyrefilen der det allerede ligger biler. Bilen som kjører inn må altså enten gasse eller bremse for å komme inn i en passelig luke i høyrefilen. Slik blir det ikke alltid. I stedet forventer den som kjører inn på motorveien at de som ligger i høyrefilen uansett bare skal flytte på seg. Derfor kan man ofte se at biler som ligger i høyrefilen blir redde og svinger over i venstrefilen så fort de nærmer seg en påfart. Det er ikke bare særnorsk. Det skaper også farlige situasjoner hvis det ligger biler i både høyre og venstrefilen.

Sykehus, skoler, svømmebassenger og hull i veien

Oktober 2014. Svømmebassenget på Manglerud i Oslo har ikke vært i bruk siden tidlig på våren og nå begynner folket på Manglerud å bli urolige. De mistenker nok at det skal gå med Manglerud bad som det har gått med en del andre bad - nedleggning. Derfor går Manglerudværingene ut i et fakkeltog for å få politikerne til å trå til med de 16 millionene som kreves for å få badet i stand. Det er altså ikke en selvfølge at et dårlig vedlikeholdt bad blir pusset opp, selv når det er i så dårlig stand at det ikke går an å bruke det.

Det er egentlig ingen hemmelighet at det er vanlig at offentlige bygg er dårlig vedlikeholdt. Det kommer ofte rapporter om skoler og sykehus i fullt forfall. Ja, til og med kirker. I tillegg er ikke veistandarden den aller beste, med hull i veier og rundt trikkeskinner. I følge Rådgivende ingeniørers forbunds rapport fra 2013 vil det kreves renovering for omlag 400 milliarder for å få offentlige bygninger i akseptabel stand. Omlag en tredjedel av bygningsmassen i undersøkte kommuner og fylkes-kommuner har uakseptabel teknisk tilstand (kommunesektorens org 2008). Utover manglende oppgradering, dreier det seg om råte, sopp, fukt og vannskader.

Bra at man har fått dette klart for seg, tenker leseren. Da vil det jo snarest bli rettet opp. Dessverre blir det nok ikke det. Dette er ting som har vært kjent i lange tider og ingen av de politiske partiene har noen planer om hvordan man skal hente det inn.

Hvordan har det da kunnet gå så ille? Det kan vel ikke bare være uflaks. Det må vel finnes noen logiske forklaringer. Det virker som at det faktisk ikke gjør det. Det er nok bare slik at man i offentlige budsjetter ikke har prioritert renovering og vedlikehold. Vedlikehold er et fremmedord! Man bygger gjerne en passe flott skole, men avsetter ikke nok midler til vedlikehold. Etterhvert forfaller bygningen og kan i beste fall reddes ved brannslukking av det mest nødvendige. Dette ser ut til å være en tradisjon som er vanskelig å forandre på. Det virker som om man liker å gi midler til drift. Til ting som gir resultat med en gang. Vedlikehold betraktes mer som et nødvendig onde og løses med brannslukking.

SP-Politiker hopper ned i hull på Fylkesvei i Vest-Agder

Trikkeskinner i Oslo

Skole i Bergen

REGULERINGER

I tillegg til gamle gode forbud, finnes det reguleringer. De to begrepene er i slekt med hverandre, men hensikten med reguleringen er å legge restriksjoner på et fenomen heller enn å helt forby det. Vi hadde tidligere en leieregulering for å kontrollere leienivået. Den er borte nå. Blant de mer kjente reguleringene som fortsatt finnes er kanskje odelsretten den mest særnorske og mest interessante.

Odelsrett

Den norske tradisjonen om at et gårdsbruk skal gå i arv, er gammel og innarbeidet. Lignende tradisjoner har funnets i andre land, men det er stort sett bare i Norge den har overlevd inn i moderne tider. Odelsretten minner en del om Fideikomiss. Noe som tidligere var vanlig i Europa. Fideikomisset gjaldt dog bare ordentlig store eiendommer. Ikke vanlige småbruk. Tanken var at store og viktige eiendommer ikke skulle deles opp ved arveskifte, men skulle brukes i samme størrelse som før. Derfor fikk eldste sønnen hele eiendommen mens søsknene fikk nøye seg med lite eller ingenting.

Odelsretten skal sikre at norske gårdsbruk kan fortsette driften også etter et arveskifte. Den nye odelseieren får derfor lov til å kjøpe eller arve eiendommen til en spesiell takst. Åsetestakst for den som allerede bor på gården og Odelstakts for den som ikke gjør det. Uten Odelsretten tenker lovgiveren seg at prisen for gårdsbrukene ville blitt høyere og muligens gjort det vanskelig å fortsette driften.

En ulempe med Odelsretten er at det i mange tilfeller er staten som stiller vilkår for gårder som eies av privatpersoner. Selv om eieren hadde hatt lyst til å selge gårdsbruket til hvem som helst, er det ikke mulig. Det kan også være slik at barn til Odeleieren føler seg pliktet til å fortsette driften bare for å beholde gårdsbruket i slektens eie.

Fra 2014 innskrenkes den særnorske Odelsretten til å bare omfatte barn av Odelseieren. Tidligere var det personer fra en betydelig større krets som kunne bli aktuelle for å ta over et gårdsbruk.

Staten bestemmer prisen på landbrukseiendommer

I Norge skal prisen på landbrukseiendommer tilgodese en samfunnsmessig forsvarlig prisutvikling. Det innebærer at selv gårder som ikke har odelsrett og dermed blir solgt på et åpent marked, ikke kan selges til hvilken som helst pris. Statens Landbruksforvaltning er ansvarlig for å kontrollere dette og har rett til å stoppe salg som ikke oppfyller målsettingene:

- Sikre rekruttering til næringen
- Eierskap som gir grunnlag for langsiktig god ressursforvaltning
- Legge til rette for inntektsmuligheter og sosiale forhold som skaper stabile heltids- og deltidsarbeidsplasser i landbruket
- Den som overtar landbrukseiendom skal betale en pris som gir muligheter for en brukbar økonomi ved drift av eiendommen

Bokavtalen

Den som leser mye, har kanskje oppdaget at bøker som oftest er betydelig dyrere enn i utlandet. Eller ikke. Kanskje har man likevel ikke reflektert så mye over det, ettersom ting flest er dyrere her til lands. Når det gjelder bøker finnes det dog en spesiell grunn. I Norge finnes det nemlig noe som kalles bokavtalen. Det er ikke en lov, men en frivillig ordning der *Den norske bokhandlerforening* og *Den norske forleggerforening* har avtaler om fastpris på bøker, med mer. For å få det hele til å funke, finnes det et unntak fra konkurranseloven.

Normalt setter detaljisten, i dette tilfellet bokhandleren, prisen. I Bokavtalen avtaler forlaget samme pris for alle bøker hos alle bokhandlere. Dermed får boken en fast pris som gjelder over hele landet. Den faste prisen gjelder fram til den 1 mai, året etter boken ble utgitt. Deretter er prissettingen fri. Bokavtalen er en gullgruve for forleggerne, som kan styre produksjon og prissetting uten å være nødt til å tenke på konkurranse og effektivitet.

Formålet med Bokavtalen er kulturpolitisk. Den skal styrke norsk språk og litteratur. Altså, tanken er at hvis forleggeren setter fast pris på alle bøker, kan norske bøker lettere gjøres mer attraktive. På et normalt bokmarked ville de norske i større utstrekning blitt utkonkurrert av bestsellers og utenlandske bøker.

Bransjen mener at Bokavtalen har ført til litterært mangfold og at antallet boklesere er blant verdens høyeste. Det kan godt hende at det finnes flere norske bøker i handelen enn det ville ha gjort uten Bokavtalen og at det på den måten er større mangfold – norsk mangfold. Derimot må man vel utgå fra at potensielle utenlandske bøker også har blitt skviset ut av markedet grunnet Bokavtalen. Det er også vanskelig å forstå at det er bokavtalens fortjeneste at det finnes så mange norske boklesere, med tanke på at Bokavtalen gjør bøker som selges i Norge dyrere.

ALKOHOL

Sist jeg snakket med Ola, var på Gardermoen. Han var brunbrent og kjekk og alt virket å være helt på topp. Det viste seg at han hadde tatt seg råd til en velfortjent uke i Syden. "Det som er hyggeligst i Syden", mente Ola, "er egentlig det at man kan slå seg ned hvor som helst og ta et glass øl når det er varmt og man er tørst. Det koster ikke mer enn brus og alle har et avslappet forhold til dette med alkohol. Ikke som hjemme i Norge, der det fort blir til stor sak hvis noen steller et flaske vin på bordet." Tankevekkende ord fra han Ola. Selv hadde jeg tilbragt helgen i New York og skjønte akkurat hva han mente. "Jeg er enig", sa jeg. "Det er morsomt å kunne spandere en drink på hele gjengen uten at det graver et stort hull I lommeboken, og det holder egentlig med en drink. Man trenger ikke å ta en hel festkveld." "Sant", sa Ola og nikket. Da jeg følte at jeg og Ola var på samme bølgelengde dristet jeg meg til å komme med nok en alkoholpolitisk formening. "Du Ola, det er jo egentlig synd at det ikke går an å ha litt lavere priser i Norge, slik at det ble mer avslappet her også. Denne formynderstaten er jo bare helt elendig!" Her ble det en liten pause i konversasjonen. Jeg regnet med at Ola sto og lurte på hvordan han best skulle berømme meg for mitt gode forslag. Ola log bredt. "Nå tror jeg at du tuller. Det ville jo aldri funke i Norge. Folk ville drikke alt for mye. Jeg synes at vi som kan styre vår egen drikking likevel skal være solidariske med de som ikke er like heldige og sliter med å holde seg edru. De norske avgiftene er helt greie å betale, synes jeg. Dessuten finnes det ingen butikk i verden som har så bra sortiment som Vinmonopolet. Bare det motiverer å beholde det norske systemet." Deretter forlot Ola meg og gav seg i vei bort til ankomst-tax-free-shopen. "Må få med meg kvoten! Ha det!"

Akkurat som Ola i fortellingen, synes mange nordmenn at det er hyggelig å ta seg en øl eller et glass vin. Da føler vi oss sosiale og nesten litt kontinentale. Hvis vi drar til det store landet Syden, eller en storby, synes vi at det er enda hyggeligere. Det er jo så mye billigere med alkohol utenlands. Man kan bare slå seg ned under en parasoll, ta seg en øl og til og med spandere på vennene sine. For enkelte er kanskje det også en viktig del av reisen. Hvis reisemålet hadde hatt norske alkoholpriser hadde man kanskje valgt et annet sted. I tax-free shopen prøver vi også å få med oss kvoten, eller kanskje til og med litt mer. Det kan jo være kjekt å ha. Det er simpelthen slik at det egentlig er ganske så hyggelig at prisen på brus, vann, vin og øl er omtrent den samme. Det innebærer også at vi får et mer avslappet forhold til alkohol. Det er ikke en stor sak å bestille alkohol. Det er ikke så merkverdig og vi trenger egentlig ikke å bli fulle heller. Vi kan godt gjøre som lokalbefolkningen. Ta en øl eller to og siden dra hjem til hotellet.

Vel tilbake i Norge blir vi dog litt i tvil. Det er greit og hyggelig å ta en utepils her hjemme å, men det må ikke bli for mye. Det er viktig å holde på den norske alkoholpolitikken. Det ville ikke være bra med sydenpriser her hjemme. Da ville folk drukket seg ihjel. Et glass vin bør absolutt koste litt, slik at det ikke blir altfor lettvint for de som ikke skjønner når nok er nok.

Vårt forhold til alkohol ser ut til å være dobbelsidig. På den ene siden er det hyggelig å drikke litt alkohol av og til, på en avslappet måte. På den andre siden mener vi at folk flest egentlig ikke klarer å håndtere den slags frihet og at måten å få disse (andre) personene til å drikke mindre på, er å øke prisen. Det finnes masser av forestillinger rundt alkohol og det er ikke lett å få grep om alt. Det skal vi heller ikke prøve å gjøre. Det blir i stedet å skrape litt på overflaten.

En morsom historie om Vinmonopolet er den om tyskerne og vinen. Da tyskerne endelig forlot Norge etter krigen, reiste de også fra store lager av europeisk vin, deriblant 400 000 liter Bordeauxvin. Vinen ble samlet opp og transportert til Vinmonopolets lokaler på Hasle der innholdet i flaskene ble mikset til en blandningsvin. Da vinen atter ble tappet på flasker ble det lagt ut til salg under de selvforklarende navnene Rødvin og Hvitvin. Da den opprinnelige vinen tok slutt, gav Vinmonopolets tjenestemenn seg ut på innkjøpsreiser i Europa for å få tak i mer vin som de kunne helle ut, mikse og tappe på nye flasker. Selv i dag er det mulig å få kjøpt Arcus Rødvin på Polet.

En nokså hyggelig anekdote, men hvorfor i all verden fant Vinmonopolet på å først helle ut vinen, deretter blande sammen alle mulige sorter og til sist tappe den på ny flasker med ny etikett? Det høres jo skikkelig sprøtt ut. Hvorfor ikke bare selge vinen som den var? Blir det ikke rart å blande sammen alle disse vinsortene som produsentene har anstrengt seg for å gi sitt spesielle særpreg? Hvem vet? Det er litt av hvert med norsk alkoholpolitikk som er vanskelig å forstå.

Vinmonopolet. Det er egentlig et veldig bra navn. Det må innrømmes. Monopolet. Man legger ikke skjul på at det dreier seg om et ekte monopol. Staten gir nordmenn mulighet til å kjøpe alkohol, men bare på det stedet der stat og kommune har bestemt at det skal være lov. I tillegg er det ordentlig dyrt å kjøpe alkoholen på Vinmonopolet. Det er i særklasse. Sannsynligvis dyrest i verden, med reservasjon for at et eller annet muslimsk land har skrudd opp prisen av religiøse grunner. Til tross for prisnivået og mangelen på utsalgssteder tenker nordmenn flest tross alt på Vinmonopolet i positive baner. Innimellom kan det til og med føles som ren hyllest. Det er ikke måte på hvor bra og serviceminded Polets personell er, og i tillegg er sortimentet av ypperste klasse. Der finnes jo alt. Det går å få tak i viner fra all verdens hjørner. I hvilke danske matvarebutikker kan du få slik service? I en undersøkelse fra 2011 får Vinmonopolet også best omdømme av alle bedrifter. Toyota, IKEA og Tine får se seg beseirede.

Grunnen til at Ola og Kari er så positive til Polet er i grunnen mest troen på at Polets eksistens medvirker til sunnere alkoholkonsumpsjon, men en nokså viktig ting for Ola er faktisk også dette med sortimentet. Selv om norske matvarebutikker er kjente for å ha dårlig utvalg sammenlignet med utlandet, har faktisk Polet et ordentlig godt utvalg. Blant de beste i verden, mener enkelte. Derfor er det uansett en god idé å ha et statlig alkoholmonopol. Men hvis vi går et steg lenger og tenker på at mat som regel er nyttig og nødvendig og siden tenker på at alkohol ikke er spesielt nyttig eller nødvendig, i hvert fall ikke i store mengder. Hvorfor er det da så viktig å forsikre seg om et stort utvalg av produkter som i grunnen er unyttige? Hvis servicen er god og utvalget ypperlig så kan det jo faktisk føre til at konsumpsjonen øker. For min del kan jeg godt klare meg med ti forskjellige viner og like mange likører og spritflasker. For en mer sofistikert person er det kanskje hyggelig med et sortiment av Polets størrelse. Hva er det forresten som tilsier at andre butikker som selger alkohol nødvendigvis må ha så elendig sortiment sammenlignet med det norske Vinmonopolet? For den som har besøkt vanlige matvareforretninger i Frankrike eller svære alkohollover i Tyskland, finnes det neppe grunn til å lengte hjem til det kjære Vinmonopolet. Og hva er det egentlig som tilsier at man ikke kan ha både Vinmonopol og samtidig selge vin i andra slags butikker. Eneste ulempen ville vel være at Vinmonopolet måtte bytte navn. Det ville jo ikke være et monopol lenger. I undersøkelser pleier flertallet nordmenn å ønske seg å kunne kjøpe vin i butikk, mens nesten ingen ønsker å ha brennevin i butikk.

Den store tingen med norsk alkoholpolitikk er dog dette med avgift, forbruk, alkoholisme og vold. Det er selvsagt slik at det ikke blir noen alkoholikere hvis det ikke finnes alkohol å konsumere. En del vold er også forårsaket av alkoholbruk. I Norge har vi stor tro på at begrenset tilgjengelighet og høye priser motvirker alkoholisme og vold. Det ligger en del i det. Hvis prisen er så høy at en potensiell alkoholiker aldri kommer i kontakt med alkohol, så vil selvsagt antallet alkoholikere bli færre. Nå lever vi dog i en verden der alkohol ikke er vanskelig å komme i kontakt med, selv om de norske avgiftene er høye. Vi må nok regne med at prisen neppe forhindrer rekrutteringen av nye alkoholiker i noen større utstrekning. Hva med folk som allerede er alkoholikere? Konsumerer de mindre bare fordi at prisen er høy? Neppe. Den som er alkoholiker gjør alt den kan for å komme over alkohol. Det vil alltid komme i første rekke. For en alkoholiker er priselastisiteten veldig lav. Med priselastisitet menes hvor mye konsumpsjonen påvirkes av prisen. I dette tilfellet vil en prisøkning på alkohol ha veldig liten effekt på hvor mye alkohol alkoholikeren konsumerer, ettersom alkoholikeren alltid vil passe på å få den dosen han trenger.

Generelt gjelder det at alkoholholdige drikker har passe lav priselastisitet. Folk flest har en alkoholkonsumpsjon som er ganske lik, uansett prisen. Muligens vil det være riktig å si at folk kjøper mer eksklusive merker hvis de kommer til et land der prisene er lavere. Som kontrast vil det også være riktig å si at priselastisiteten er høy når en nordmann er på ferie i et land med billig alkohol, men der er tidsrommet begrenset og vil flate ut jo lenger nordmannen oppholder seg i landet. Eksempel på varer med høy priselastisitet der konsumpsjonen varierer mye med prisforandringer, kan være feriereisemål, elektronikkvarer og forskjellige typer av frukt og grønnsaker. Disse varene er lett utbyttbare og vi sjekker prisen nøye før vi kjøper noe. Basisvarer som melk og poteter har i stedet lav priselastisitet.

De høye norske avgiftene har mest trolig en viss effekt mot både alkoholisme og vold, men ikke på langt nær i så stor utstrekning som man ofte vil gjøre gjeldende. Vi nordmenn lever tross alt i en verden der det finnes alkohol å skaffe i forskjellige sammenheng og folk flest har uansett nok penger til å starte en karriere som alkoholiker. I følge alkoholmotstandere har prisen avgjørende effekt på både konsumpsjon, skader og alkoholisme. Andre tror at konsumpsjonen mer er avhengig av tradisjon og kulturmønster og at prisen derfor ikke har avgjørende betydning. Hvis det siste er riktig, finnes det egentlig svak alkoholpolitisk grunn til å holde prisene på særnorsk høyt nivå.

Innenfor EU er det lov å ta med seg ubegrensede mengder alkohol, såfremt det kan antas at alkoholen er egnet for eget forbruk. Referansemengdene er 10 liter sprit, 20 liter hetvin, 90 liter vin og 110 liter øl. Innførsel er selvsagt bare interessant for innbyggere i land der alkoholprisene er markant høyere enn i nabolandene. Dette innebærer at dansker og svensker kan dra til Tyskland og kjøpe med seg store kvantum, mens Ola og Kari får nøye seg med sine 4 liter vin.

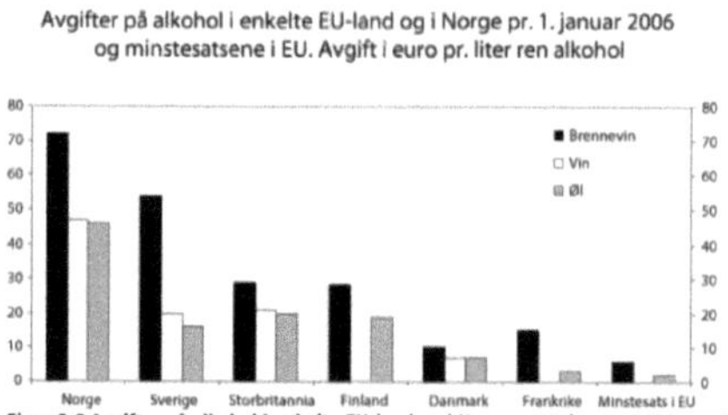

Figur 8.8 Avgifter på alkohol i enkelte EU-land og i Norge pr. 1. januar 2006 og minstesatsene i EU. Avgift i euro pr. liter ren alkohol[1]

Kilde: European Commissions Excise Duty Tables, Part I – Alcoholic Beverages og Finansdepartementet.

NORSKE AVGIFTER

Hva er egentlig forskjellen mellom skatt og avgift? Og hva menes med gebyr? Meningene er ulike og de forskjellige begrepene går fort inn i hverandre. Hvis vi sjekker i Store Norske Leksikon så får vi omtrent følgende svar:

Skatt: Økonomiske ytelser som pålegges borgerne uten at disse får direkte motytelser. Norske skatter har til formål å dekke fellesskapets utgifter, føre til en viss økonomisk utjevning og styre økonomisk atferd.

Avgift: Kan være mye forskjellig. En avgift er noe man betaler. Noen ganger får man noe igjen for det man har betalt, andre ganger får man ikke det.

Gebyr: En avgift som i visse tilfeller må betales for tjenester i næringslivet eller til offentlige forretninger. Et gebyr kan også betales for trafikkovertredelser, for eksempel parkeringsgebyr.

Generelle definisjoner er en ting. Hva staten egentlig mener med skatt, avgift og gebyr trenger ikke å være det samme. En avgift høres ut som et penningvederlag som skal dekke kostnaden for en vare eller en tjeneste. For eksempel feiing av skorstein. Kanskje har du hørt en eller annen fremskrittspartist klage over at størrelsen på avgiften overhodet ikke står i proporsjon til ytelsen. For eksempel at dokumentavgiften er flere hundre ganger høyere enn statens kostnader for å behandle dokumentene. Dette er dog en missoppfatting. For staten er en avgift et prispåslag som hovedsakelig begrunnes med å skaffe staten inntekter. Derfor har heller ikke omregistreringsavgiften ved kjøp av bruktbil noe med selve tjenesten som staten utfører å gjøre. Det er kun en måte å få inn penger til statskassen. Det finnes også avgifter som skal være virkemiddel mot uønskede effekter av bestemte varer. For eksempel miljøavgifter som er tenkt å symbolisere samfunnets kostnader for forurensende utslipp, samtidig som selve avgiften fører til minsket bruk. Sukkerskatten er et annat eksempel på dette, dersom man regner med at sukkeret forårsaker sykdommer som også belaster samfunnet som helhet.

Gebyrer derimot, er tenkt som betaling for en spesifikk tjeneste som utføres. For eksempel tilsyn og kontroll utført av Mattilsynet. Innkreving for kommunale tjenester knyttet til vann, avløp, renovasjon og liknende er også gebyrer. Gebyrer skal dekke de reelle kostnadene ved tjenesten knyttet til gebyrene.

For å komplisere ting, har man også innført det berømte piggdekkgebyret. Det finnes til for å prøve å redusere bruken av piggdekk til fordel for piggfrie vinterdekk. Piggdekk sies å rive opp skadelige partikler fra veibanen. Noe som gir dårlig luft i byene og kan være plagsomt for enkelte allergikere. Tidligere fikk vi jo vite at et gebyr skal tjene som betaling for en spesifikk tjeneste. Hvilken tjeneste da? Hva får vi igjen da vi betaler piggdekkgebyr? Renere luft? Neppe. Dette gebyret er selvsagt en avgift med hensikt å redusere bruken av piggdekk. Kjært barn har mange navn.

Interessante avgifter

Alkoholavgift: Norge har blant verdens høyeste avgifter.

Dokumentavgift: Ved kjøp av bolig må 2,5% dokumentavgift betales, dvs 50 000 kr for en leilighet som er kjøpt for 2 millioner, eller 200 000 for en halvbillig enebolig på Oslo vest.

Dette er i praksis en flytteskatt. Avgiften har ikke noe med statens kostnader i forbindelse med boligsalget å gjøre. Det er en smart måte for staten å få inn penger. Folk må jo ha et sted å bo. Dessuten flytter folk av og til.

En ting som er forbausende er at borettslagsleiligheter er unntatt fra dokumentavgift. Det er ikke sikkert at du i praksis tjener noe på å kjøpe borettslagsleilighet, ettersom det kan være slik at borettslagsleiligheter betinger høyere priser, grunnet fravær av dokumentavgiften. Dette er dog en teori som er vanskelig å påvise. Det som er forbausende er i stedet at staten ikke har benyttet seg av muligheten å få inn penger her også. Flott tiltak av staten å gi rabatt for borettslagsleilighet.

Forskningsavgift/Omsetningsavgift: Som vi vet er det svært høy toll på import av utenlandske matvarer, men det stopper ikke der. Staten krever i tillegg inn både Forskningsavgift og Omsetningsavgift. Både på matvarer som er produsert i Norge og i utlandet. Hææ? Er det ikke nok at norsk mat er dyrest i verden. Må man ha inn enda mer i avgift? Ja, man må jo det!

Forskningsavgiften har som formål å finansiere forskning knyttet til hele matvarekjeden fra primærleddet til industri- og forbrukerleddet. Avgiften legges på alle landbruksprodukter (både norske og importerte) som brukes i produksjon av videreforedlet mat. Avgiften betales av den som mottar et landbruksprodukt for videre foredling. For melk vil det si at avgiften betales av meieriet når det mottar melk fra bonden. Statens landbruksforvaltning krever inn forskningsavgiften på norskproduserte produkter, mens Tollvesenet krever inn avgiften på importvarer. Pengene fra avgiften skal gå inn i et fond som kalles Fondet for forskningsavgift på landbruksvarer (FFL).

Omsetningsavgiften, er i likhet med forskningsavgiften, en avgift som blir lagt på matnæringen (i dette tilfellet produsentene) og ikke på forbrukerne. Den er fastsatt for å finansiere tiltak som matnæringen selv har behov for. Bøndene betaler omsetningsavgiften ved levering av produktene sine. Avgiftene går inn i et fond, og blir brukt til å finansiere markedsreguleringstiltak, som igjen iverksettes for å fremme omsetningen (kjøp og salg av landbruksvarer).

Ifølge Landbruks og matdepartementet er omsetningsavgiftene fra 1. januar 2013:

Ku- og geitmelk 17 øre pr liter

Kjøtt av storfe og kalv	maks 150 øre pr kg
Kjøtt av sau og lam	maks 150 øre pr kg
Svinekjøtt	maks 250 øre pr kg
Egg	80 øre pr kg

Kjøtt av kylling 22 øre pr kg

Kjøtt av kalkun 22 øre pr kg

Pelsdyrskinn	1%

Forskningsavgift 2014:

Kjøtt og fjorfekjøtt	13,7 øre pr kg
Melk	1,76 øre pr liter
Egg	6 øre pr kg
Korn	0,88 øre pr kg
Honning	0,35%
Frukt og grønt	0,35%

Veibruksavgift på drivstoff: Ca 5 kr/l. Hvis du kjøper en liter bensin utgjøres altså veibruksavgift og moms omtrent halvparten av prisen. Dessuten beregnes momsen på summen av pris og veibruksavgift, ikke bare på grunnprisen.

Sukker: 7,32 kr/kg. Sukkerskatten var opprinnelig en luksusskatt. Etterhvert har sukker fått ta skylden for økt overvekt og diabetes i velferdssamfunnet. Derfor prøver man fremdeles å øke prisen på sukkervarer for å få ned konsumpsjonen. Som vanlig med en rettet skatt, blir det automatisk slik at den får større effekt for konsumenter med lav inntekt enn de som har høy inntekt.

Sjokolade og sukkervarer: Dette er også en del av Sukkerskatten for å dekke inn varer med stort sukkerinnhold. For tiden 18,91 kr/kg. Avgiften får en del rare konsekvenser da f eks drops, tyggegummi og pastiller alltid er belagt med avgift, selv om de ikke inneholder sukker. En del kjeks inneholder nok så mye sukker, men er likevel fritatt fra avgift, grunnet at kjeksen inneholder mindre enn 50% sjokolade og fordi at kjeksen ikke er overtrukket av sjokolade.

Alkoholfrie drikkevarer: Nok en sukkerskatt. Hvis drikkevarene har tilsatt sukker utgår en avgift på 3,12 kr pr liter. Dette er altså en sukkerskatt på lik linje med den vanlige sukkeravgiften. Dessuten må det betales 1,10 kr/emballasjeenhet, såfremt emballasjen ikke inngår i et retursystem.

Teknisk etanol: Samme avgift som annen alkohol. Fritak for denatuered sprit – den går det jo ikke an å drikke. I hvert fall ikke uten plagsomme konsekvenser.

Tobakk: Sigarett 2,39 kr/stk. Gir 48 kr i avgift for 20-pakk. Snus 0,97/gram. Ca 40 kroner i avgift for en boks General. Sigarettpapir og hylser 0,0365/stk. Selv sigarettpapir kommer ikke unna avgift!!

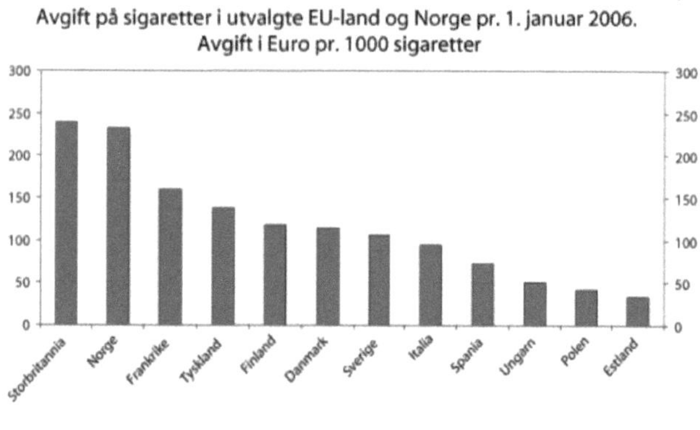

BILAVGIFTER

Norske bilavgifter – Skrekk og gru.

Slik er det mange som har tenkt og sagt. Det er ikke billig å kjøre bil i Norge. Det blir man fort klar over. Både dersom man tar sig en tur, eller setter seg ned og regner på hvor mye turen egentlig har kostet. Staten tar årlig inn 70 milliarder i bilavgifter. Internasjonalt sett ligger Norge i toppen når det gjelder å ta inn avgifter. Som forventet. Mange land opererer ikke noe særlig med bilavgifter. Andre har avgifter, men sjeldent så høye som de norske. Danmark har høy engangsavgift, men lavere avgifter på annet som er relatert til biler.

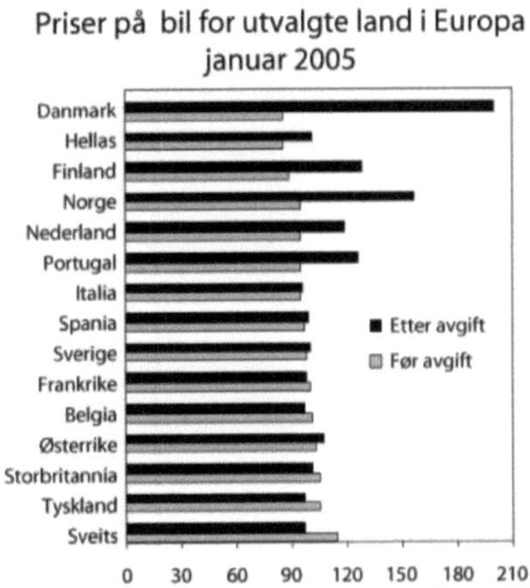

Figur 8.3 Priser på bil for utvalgte land i Europa januar 2005. Gjennomsnitt i euro-landene =100

Kilde: Eurocarprice.com og Finansdepartementet.

Bilavgiftenes historie

Bilavgiftene har en lang og sørgelig historie. I de fleste land finnes det ikke engangsavgifter på biler og selv norske biler var avgiftsfrie før krigen. Etter krigen ble det innrettet et importforbud for biler. Norge var et fattig land etter langvarig tysk okkupasjon og trengte å importere en rekke varer. For og ikke få for stort underskudd i valutabalansen valgte man å forby privat import av biler. Stort sett. Da forbudet ble hevet i 1960, ble dog bilinnkjøp belagt med høye avgifter. De norske politikerne, som tidligere mente at biler var unødvendig luksus, fortsatte i samme spor og la på avgiftene i forhåpning om at bilbruken ville bli begrenset. Det ble den selvfølgelig. Det krevdes en høy inntekt for å kjøpe seg bil. Kanskje hadde noen forventet seg at bilavgiftene skulle senkes i takt med at bilen fikk mindre preg av luksus og ble en vare som folk flest hadde glede av. Det ble ikke slik. Avgiftene er fremdeles høye. Selv om norsk gjennomsnittsinntekt har økt betraktelig, kreves det oppofring for å kjøpe bil. Avgiftene utgjør som regel 25-50% av bilens pris.

Bli med på biltur med Obama!

Den gangen USAs president var på tur til Oslo for å hente Nobelpris, spekulerte Aftenposten i hvor mye han ville bli nødt til å betale i avgift for bilen sin. Det sies nemlig at han pleier å ta med bilen i et militærfly når han er på besøk i andre land. Bilen er spesialutstyrt for å kunne stå imot angrep av diverse slag. Den er til og med hermetisk lukket for å klare et gassangrep. Hvorfor skulle han da bli nødt til å betale avgift? Jo, det sies at presidenten pleier å registrere bilen sin i de landene han besøker og dermed betale eventuelle avgifter som blir pålagt. Hvor stor blir da avgiften? Det er et digert stykke bil med svær motor som slipper ut mengder av CO2. Omtrent 4 millioner kroner i avgift, faktisk! Det tilsvarer omtrent halvparten av fredsprissummen.

Hvordan gikk det da? Betalte Obama? Kom det overhode noen bil til Norge? Det er det ingen som vet, eller husker. Var det hele oppspinn fra Aftenpostens side? "Av sikkerhetsgrunner og av respekt for vertslandet, vil Obama betale samme bilavgifter som innbyggerne." Setningen føles litt som hentet ut av en sagafortelling om konger, prinsesser og hyggelige presidenter.

Kanskje kunne han vise til Stortingets avgiftsvedtak §5 der det sies at lett pansrede kjøretøy og skuddsikre biler faktisk kan få fritak fra engangsavgiften. Eller enda enklere – regelen om at det kun er folk med fast opphold i Norge som skal betale avgift, såfremt man ikke blir værende i et år eller mere.

Uansett om Obama betalte eller ikke, passer historien utmerket til å illustrere ulempene med norske bilavgifter. De er så høyt oppskrudde at det ofte får ekstreme konsekvenser. Avgiften kan til og med bli større enn bilens innkjøpspris. Hva er da problemet med det norske systemet? Det finnes en rekke problemer som vi skal ser nærmere på lenger ned, men en umiddelbar følge av de høye norske avgiftene er at en i grunnen ganske alminnelig og nyttig vare, blir så høyt priset at folk med lav inntekt vanskeligere kan eie bil. Spesielt med tanke på at det utover engangsavgift også finnes en rekke andre avgifter som rammer bilistene.

Groundforce one

This is supposed to be a rich country. Why are the cars so old and small?

Kanskje hadde den tilreiste turisten forventet seg å se store skrytebiler overalt i det rike oljelandet Norge. Forklaringen ligger i at bilavgiftene på omlag 70 milliarder, i praksis er en hel del penger for det enkelte individet. Hvis vi regner med at det finnes 2,3 millioner biler i landet så blir det altså omtrent 30 000 kr per bil og år. Det kan vi vel ha råd til, ikke sant? Vi som er så rike. Det er klart vi har råd, generelt sett, men den slags høye avgifter får også konsekvenser på mikronivå.

- Høy innkjøpspris som fremfor alt rammer folk med lav inntekt.
- Gammel bilpark i Norge.
- Biler med svakere motorer og lavere vekt.
- Økt kostnadsnivå

Hvis vi antar at Ola Nordmann får lyst til å kjøpe seg en ny bil, rammes han automatisk av en innkjøpspris som er saltet med tunge avgifter. La oss se på en ny Volvo V70 med 136 hk motor. Av en ca-pris på 440 000, utgjør 170 000 avgift til staten, eksklusive mva. Det vil si at omlag 40% av bilens pris er engangsavgift. Hvis vi i stedet regner på en litt frekkere BMW X5 med 313 hk motor, blir engangs-avgiften drøye 400 000 kr. Også det omtrent 40% av bilens pris.

Høye særavgifter slår hardt ut fordelingspolitisk. For å kunne kjøpe bil, må så stor del av inntekten brukes at det blir vanskeligere for folk med lave inntekter å kjøpe bil. Altså, sammenlignet med en svenske som kjøper en V70 for 270 000, må Ola Nordmann ut med 170 000 ekstra, utover momsen. For en Ola som bor på vestkanten og har vestkantlønn, er påkjenningen ikke like stor som for Ola Østkant som kanskje må ut med mer enn en halv årslønn.

Sammenlignet med andre land er Norge også kjent for sin gamle bilpark. Det blir selvsagt slik når biler er så mye dyrere enn vanlige varer. Folk flest har ikke råd til å holde seg med nyere biler men må finne seg noe billigere på bruktmarkedet. I følge SSB er snittalderen på den norske bilparken 10,5 år. Blant et antall utvalgte EU-land topper Estland listen med 12 år. Irland ligger i bunn med 6 år. I gjennomsnitt er bilen i disse landene 8,3 år gammel. Undersøkelsen er fra 2010.

Et annet aspekt er at de bilene som beveger seg på norske veier generelt har lav vekt og dårlig kapasitet. Da avgiftssystemet går på vekt, CO2-utslipp og motoreffekt, velger bilkjøperne lettere biler med små motorer. Det kan kanskje ha noe å si rent miljømessig, men en ulempe er også at man kjører med små og svake biler i et land med lange avstander og svært mye fjell. Der hadde det kanskje passet bedre med litt sterkere motor. Opel Corsa var lenge en av de vanligste bilene i Norge. Den var ofte utstyrt med ekstra liten motor som var tilpasset norske avgiftstyngede lommebøker. Med hensyn tatt til smale og svingete veier, kan en argumentere for Opel Corsa som et godt norsk alternativ, men sannsynligvis ville norske forbrukere være mer betjent med litt større og sterkere biler.

Nok et problem med høye bilavgifter er at det generelle kostnadsnivået blir skrudd opp. De høye bilprisene slår igjennom i alle næringer. Et unntak er taxibiler som har redusert avgiftsnivå. Samme sak med varebiler.

Hvilke bilavgifter finnes det i Norge?

Engangsavgift: Avgiften er beregnet i forhold til bilens vekt, motoreffekt (Hk) og CO2-utslipp. Jo større bil og jo større motor, desto høyere avgift. Her tar staten inn ca 22 milliarder per år.

Omregistreringsavgift: Hvis du kjøper bruktbil, er du nødt til å betale en avgift som ikke på noen måte står i proporsjon til den virkelige kostnaden for å omregistrere kjøretøyet. Dette er simpelthen en skatt som opprinnelig kom til for å kompensere for det faktum at det ikke er moms på innkjøp av bruktbil. For en bil som er passe ny blir du nødt til å betale en avgift på mellom 7000 og 17000, avhengig av vekt. For en bil eldre enn 12 år, kommer du unna med 1500 kroner. En effekt av den høye avgiften er at man gjerne selger bilen til en person man kjenner. Den personen lar da være å omregistrere bilen ettersom det er en unødvendig utgift.

Bomveier: Her tar staten inn ca 10 milliarder per år, utover administrasjonskostnadene som beregnes til 10-15%.

Årsavgift: Omlag 3000 kr/bil. Lavere avgift for MC, taxi, elbil, veteranbil med flere. Gir staten cirka 10 milliarder per år.

Drivstoffskatt: Skatt på bensin og diesel, utover moms. Ca 17 milliarder per år.

Øvrig: Piggdekkgebyr, diverse skatter og avgifter. NOx-avgift.

Hva er hensikten med avgiftene?

De fleste bilavgiftene er til for å gi staten inntekter. Ikke for å styre konsumpsjonen eller for å finansiere veier eller noe annet som er relatert til biler. Et unntak er selvsagt bompenger, som faktisk går til å bygge veier, hvis man ikke ser altfor nøye på de milliarder som brukes på administrasjon og innkreving. CO2-avgiftene sies å være til for å styre konsumpsjonen mot miljøvennligere biler. Piggdekkgebyr er faktisk en avgift der hensikten er å styre konsumpsjonen mot piggfrie dekk. Noe som sies å være bedre for en by som Oslo der det lett dannes svevestøv. En ulempe i Oslo er at snøbrøytingen ikke er helt på topp. Du som bor i Oslo har kanskje våknet midt på natten av at biler uten piggdekk prøver å komme seg ut av en parkeringslomme som har høye brøytekanter.

I en artikkel i Aftenposten har noen funnet ut at bilens egenvekt, som ligger til grunn for avgiftsberegningen, inkluderer en full tank bensin. Noe som fører til at staten får inn 900 millioner ekstra i engangsavgift hvert år. Avisen mener altså at man har lurt konsumentene og tar inn avgiftspenger for luft. Når man konfronterer APs avgiftspolitiske talsmann (selvsagt må et parti ha en avgiftspolitisk talsmann!), forklarer han at ettersom et visst antall avgiftspenger skal inn i statskassen, spiller det egentlig ikke noen rolle hvordan man beregner. Enten kan man beregne avgiften på egenvekten inklusive full tank, eller så kan man beregne en høyere avgift på egenvekt eksklusive bensintanken. Samme penger skal jo inn.

Avgiftstalsmannens utsagn er selvsagt riktig, ettersom hensikten med avgiften er å få inn penger til statskassen. Det er samme sak med små og billige biler. Konsumenten kan få lavere avgift ved å kjøpe en liten og svak bil, men staten må likevel ha inn samme antall penger til slutt. Derfor må man etterhvert justere opp grunnavgiften for å kompensere for at folk i større utstrekning kjøper biler med lav avgift.

Samme problem kan oppstå for såkalte miljøbiler. De har selvsagt en prisfordel, så lenge avgiftene for utslipp er lave, men før eller senere må staten kompensere hvis alt for mange kjøper den slags biler. Spørsmålet er da om man legger avgiftsøkningen på andre slags biler eller om også miljøbiler merker økningen. Noen må jo betale mer for at staten skal få inn sine penger.

I 2013 oppdaget man at elbilen Tesla S hadde blitt veldig populær. Det er en elbil med høy ytelse. Noen fant da ut at hvis dette hadde vært en bensinbil, ville staten ha kunnet kreve inn 600 000 i avgift. Nå gikk staten i stedet glipp av høye avgiftssummer. Altså må teoretisk sett avgiftene heves for andre biler etterhvert. Staten gikk selvsagt ikke glipp av 600 000 kr/Tesla, men et eller annet lavere beløp for en bil konsumenten ville ha kjøpt i stedet for Teslaen.

Hva brukes avgiftspengene til?

Bompenger brukes til veibygging, med unntak for det som slukes av administrasjonskostnader og vedlikehold av bomanleggene. Man beregner at 10-15% av inntektene går til slike formål. Ellers går bilavgiftene rett inn i statskassen. De skal altså ikke brukes til noe spesielt. De er ikke øremerka for å finansiere bilrelaterte prosjekter. Staten tar inn omtrent 70 milliarder i forskjellige bilavgifter, men bruker bare drøyt 20 av disse på veirelaterte formål. Og da er egentlig omtrent halvparten av disse pengene finansiert via bompenger. I praksis satser altså staten bare drøye 10 milliarder på vei.

Trenger staten avgiftspengene?

Bilavgiftene utgjør ca 70 milliarder i et statsbudsjett på ca 1100 milliarder, samtidlig som det årlig settes inn flere hundre milliarder i oljefondet. 70 milliarder er ikke lite penger, men trenger staten virkelig disse pengene? Nei. Den gjør ikke det. Akkurat som med alle andre skatter og avgifter, er spørsmålet hva man ønsker å beskatte. Man kan ta inn pengene på andre måter. Eller å gjøre som vi har diskutert i et tidligere kapittel. Senke skatter og avgifter, uten å for den skyld risikere at statsfinansene svekkes, ettersom den økonomiske tilveksten uansett gir økte skatteinntekter hvert år.

Tollvesenet hjelper deg – Ikke!

For privatpersoner som importerer bruktbiler på egen hånd finnes det en alternativ beregningsmetode å benytte. Normalt beregnes avgiften i følge standardmetoden med vekt, motoreffekt, CO2 og bruksfradrag i forhold til bilens alder. Alternativt er det mulig å beregne i forhold til bilens faktiske verdi. Det vil si at hvis en bil er syv år gammel, kan man gå inn i en tabell og se hvor mye bilen koster akkurat nå i forhold til hvor mye den kostet da den var ny. Vurderingen skal også ta hensyn til hvor mange kilometer bilen har gått. Det går dog ikke på forhånd å finne ut hvor mye avgiften vil bli. Det er opp til Tollvesenet å bedømme.

Javel, det høres vel greit ut. Er dette da et problem? Det er det, og det finnes til og med to problemer. For det første kan du ikke vente og se hvilket beløp tollvesenet kommer fram til. Du må på forhånd bestemme deg for om du ønsker å betale avgift ifølge standard metode eller alternativ metode. Selv om den alternative metoden kommer dårligst ut, må du betale etter den dersom du først har bestemt deg for den metoden. Det spiller altså ingen rolle om standard metode gir 211 000 i avgift og alternativ metode gir 299 000. Du må uansett betale 299 000. Dette er litt spesielt. I hvilken annen statlig eller kommunal virksomhet behandler man innbyggerne slik? Sunn fornuft sier vel at konsumenten skal få benytte seg av den metoden som er mest gunstig. Eller hva om apoteket gav deg mulighet å bestemme hvilken medisin du ønsket, men lot være å fortelle hvilken som var billigst.

Kan man da ikke spørre tollvesenet om råd? De har vel tusenvis med ansatte rådgivere. Kan ikke de hjelpe til, slik at du likevel får brukt den mest gunstige metoden? Nei, de kan ikke det. De får ikke lov til å hjelpe. De får ikke en gang hjelpe deg med å søke informasjon i tabellene. De får kun lov til å gi deg adgang til selve tabellen. Men de gir deg ikke noen tips.

SKATTER

"Et hvilket som helst folk,
kan tåle et hvilket som helst skattetrykk,
bare de ikke er klar over det."

Slik sies det at den gamle gode AP-statsministeren Trygve Bratteli uttalte seg en gang i tiden. Samme Bratteli som la plan om 80 mil motorvei i Sør-Norge i 1962. Sant eller ikke, er vel essensen i sitatet vel så sann. Ett skattetrykk er vanskelig å komme unna. Det bare finnes der. Det beste er å tilpasse seg. Eller som en ukjent opphavsmann sa:

"Om du setter en mann oppi en stor kjele med varmt vann, så vil han hoppe ut. Om du i stedet setter ham oppi lunkent vann og koker det langsomt opp, så vil han bli værende til han er ferdig kokt."

Uansett har vi levd så lenge i et velferdssamfunn der en viss sum av skatter og avgifter er nødvendig for å finansiere det hele, at vi neppe kommer unna en god del skatt. I enkelte land er skattene lave og avgiftene høye. I andre land er skattene høye og avgiftene lave. Det finnes også land der både skatter og avgifter er lave. Det kan finnes forskjellige grunner til hvilken metode som er i bruk. I Norge har vi valgt en fjerde variant - Høye skatter og høye avgifter. Veldig praktisk. For staten. På den måten maksimeres jo statens inntekter.

Vi nordmenn forholder oss oftest positive til både skatter og avgifter. Vi er veldig forståelsesfulle. Norge AS må jo gå rundt. Klart staten må ha inn sine penger. Hva er da forskjellen på en skatt og en avgift? Spiller det noen rolle hvilken måte som brukes for å få inn penger til statskassen? Ja, det gjør det. Skatt og avgift har forskjellige effekter.

Når vi snakker om skatter mener vi oftest at skatten er satt som en prosentsats av en inntekt eller av en pris. Med avgift pleier vi å mene en fast pris i kroner som er lik for alle, men ofte også prosentuelle avgifter på enkelte varer, for eksempel moms. Disse definisjonene er ikke heldekkende. Det finnes forskjellige meninger om hva som egentlig er skatt og hva som er avgift og hva som er et gebyr. I et annet kapittel har vi konkludert med at et gebyr oftest er en avgift som finansierer noe spesifikt. Jeg betaler et gebyr på 1000 kroner for å få rett til et eller annet. Når det gjelder skatter og avgifter er det vanskeligere å finne en riktige definisjoner.

Er skattene høye i Norge?

Det må vi vel nesten regne med at de er, så mye mas det har vært om høye skatter og avgifter i denne boken. Det er riktig. Skattene er passe høye. Eurostat har vært vennlige og publisert statistikk som viser skatt i forhold til BNP, men også skatt som er delt opp på inntektskatt, avgifter og kapital. Hvis vi begynner med skatt i prosent av BNP, finner vi Norge på sjette plass. Fem prosentenheter etter vinneren Danmark. En misvisende omstendighet kan være at oljeinntekter inngår i BNP – de settes jo i stor utstrekning inn på bok. Hvis vi går videre og ser på inntektsskatt, så ligger Norge bare på 16:e plass. 36% mot 43% for Belgia på førsteplassen. Når det kommer til forbruksavgifter og merverdiavgift er Norge på andre plass i begge kategoriene. Det er her det høye avgiftsuttaket slår igjennom. Sammenlagt kan vi si at Norge ikke har spesielt høy inntektsskatt, men at skattenivået generelt er blant de høyeste i Europa, dog ligger vi ikke helt på topp.

Tax revenue and implicit tax rates by type of economic activity

	Tax revenue, % of GDP			Implicit tax rate* on:								
				Labour			Consumption			Capital		
	2000	2010	2011	2000	2010	2011	2000	2010	2011	2000	2010	2011
EU27**	**40.4**	**38.3**	**38.8**	**36.4**	**35.4**	**35.8**	**20.1**	**19.7**	**20.1**	:	:	:
EA17**	**40.9**	**39.0**	**39.5**	**38.3**	**37.4**	**37.7**	**19.8**	**19.3**	**19.4**	**29.9**	**27.2**	**28.9**
Belgium	45.1	43.8	44.1	43.6	42.7	42.8	21.8	21.2	21.0	29.5	28.7	30.3
Bulgaria	31.5	27.5	27.2	38.1	23.5	24.6	18.5	21.4	22.4	:	:	:
Czech Republic	33.8	33.5	34.4	41.2	38.5	39.0	18.8	20.8	21.4	18.7	16.6	17.6
Denmark	49.4	47.4	47.7	41.0	34.6	34.6	33.4	31.3	31.4	36.0	:	:
Germany	41.3	37.9	38.7	39.1	36.8	37.1	19.2	19.7	20.1	27.0	19.7	22.0
Estonia	31.0	34.1	32.8	37.8	36.8	36.2	19.5	25.4	26.1	6.4	9.8	7.9
Ireland	31.3	28.3	28.9	28.7	26.2	28.0	25.5	22.3	22.1	:	:	:
Greece***	34.6	31.7	32.4	33.8	31.5	30.9	16.5	16.4	16.3	:	:	:
Spain	34.1	32.1	31.4	30.5	32.7	33.2	15.8	14.7	14.0	29.3	:	:
France	44.2	42.5	43.9	39.4	38.1	38.6	21.2	19.4	19.9	40.1	39.7	44.4
Italy	41.5	42.5	42.5	42.0	42.7	42.3	18.3	17.4	17.4	28.1	33.0	33.6
Cyprus	30.0	35.6	35.2	21.6	26.9	26.7	12.6	19.0	17.7	24.8	30.6	24.7
Latvia	29.7	27.2	27.6	36.7	33.1	32.0	18.4	16.9	17.2	12.3	7.9	9.9
Lithuania	30.0	27.0	26.0	41.1	31.7	32.0	18.0	17.6	17.5	6.8	7.1	5.5
Luxembourg	39.2	37.5	37.2	29.9	31.5	32.8	23.0	27.1	27.2	:	:	:
Hungary	39.8	37.9	37.0	41.4	38.4	38.4	27.2	27.5	26.8	18.5	19.9	17.3
Malta	27.3	32.6	33.5	20.5	21.7	22.7	15.6	18.7	19.0	:	:	:
Netherlands	39.9	38.8	38.4	35.0	37.0	37.5	23.8	26.9	26.3	20.0	13.0	12.9
Austria	43.0	41.9	42.0	40.1	40.5	40.8	22.2	21.3	21.2	27.2	23.3	23.6
Poland	32.6	31.8	32.4	33.6	30.3	32.2	17.8	20.5	20.8	20.5	18.6	18.3
Portugal	31.1	31.5	33.2	22.3	24.0	25.5	18.3	17.6	18.0	31.1	28.4	31.6
Romania	30.2	26.7	28.2	:	30.0	31.4	17.0	18.1	21.6	:	:	:
Slovenia	37.3	37.8	37.2	37.6	35.0	35.2	23.3	23.6	23.0	17.3	21.9	20.5
Slovakia	34.1	28.1	28.5	36.3	32.2	31.9	21.7	17.7	18.7	21.5	14.3	14.8
Finland	47.2	42.5	43.4	44.0	39.0	39.6	28.5	25.1	26.4	38.1	28.7	27.4
Sweden	51.5	45.4	44.3	46.8	39.1	39.4	26.3	27.9	27.3	42.7	29.2	27.0
United Kingdom	36.8	35.4	36.1	25.9	25.8	26.0	19.0	18.3	19.5	44.0	35.7	34.9
Norway	42.6	42.6	42.5	37.1	36.3	36.2	31.2	29.1	:	42.2	41.9	41.9
Iceland	37.1	35.0	35.9	:	:	:	25.6	22.8	22.8	:	:	:

* Implicit tax rates (ITR) express aggregate tax revenues as a percentage of the potential tax base for each field (see footnote 4).
** EU27 and EA17 overall tax ratios are calculated as GDP-weighted averages of the Member States. The EA17 ITR on capital is calculated using estimated data for missing Member States.

Mer om skatt

Hvis vi går ut fra at en skatt er satt som en prosentsats på inntekten, så vil skatten ramme den som har høyest inntekt eller høyest betalingsevne hardest. Dette er hva man pleier å kalle et proporsjonalt skattesystem. Man kan si at skatten rammer fordelingspolitisk likt. Hvis skattesatsen er 30 % betaler kanskje den som har høy inntekt 300 000 kr i skatt, mens den som har betydelig lavere inntekt kun betaler 90 000 kr. Alternativet ville vært at staten hadde krevd inn for eksempel 150 000 kr av alle, uavhengig av inntekt. Det ville medført helt annerledes fordeling av skattebyrden. Den som hadde lav inntekt ville kanskje fått betale 50 % av inntekten i skatt, mens den med høy inntekt bare ville ha betalt 15 % i skatt. En slik fordeling oppleves oftest som urettferdig. Derfor er et proporsjonalt skattesystem aller vanligst.

Hvis vi ser til avgifter, fungerer de ofte på den måten at det er et fast beløp, eller en prosentsats som legges på prisen. Hvis jeg kjøper en bil, er avgiften ikke avhengig av hvor høy inntekt jeg har. Avgiften er i stedet satt i forhold til vekt, motoreffekt og CO2-utslipp. Hvis jeg søker om byggetillatelse, er avgiften x antall kroner, uansett hvor stor min evne til å betale er. Hvis jeg kjøper en PC, er 20% av prisen moms.

FLERE FORBUD

Vi har allerede sett på noen få morsomme forbud og en del andre forbud som har gått ut på dato. Dette med å finne forbud er dog ikke spesielt vanskelig, så vi kan godt fortsette en stund til.

Forbud mot happy hour: Den som skjenker alkohol har ikke lov til å gi rabatt. Prisen skal være den samme, uansett hvem som kjøper eller når varene blir kjøpt. Ingen diskriminering her!

Brennevin: Den som ønsker å ta seg en ren dram, kan kun bli servert 2 cl eller 4 cl. Ikke 3 eller 5 cl. Regelen gjelder dog ikke cocktails.

Sortiment: Den som skjenker alkoholholdig drikk, plikter også å føre et rimelig utvalg av alkoholfrie drikker. Hvis det finnes halvflasker i handelen, så må det også finnes slike for salg på skjenkestedet.

Alkohol på offentlig plass: Det er ikke lov å drikke alkohol på andre steder enn i hjemmet og sted som har skjenkebevilgning. Hvis du tar deg en pic-nic i parken får det bli brus.

Eggdonasjon/Surrogati: I Norge er det ikke lov å la en surrogatmamma føde ditt barn. Hvis det likevel skjer og blir oppdaget, er barnet i lovens mening surrogat-mammaens. Ikke den biologiske mammaens. Det skjer av og til att norske kvinner drar utenlands for å plassere sine befruktede egg i en surrogatmamma. Grunnen er at de selve ikke kan bære fram et befruktet egg. Derimot kan de på en kunstig måte få sitt eget egg befruktet av sin mans spermier.

Surrogati er for eksempel lov i Sverige, Danmark og Finland. Spørsmålet er vel egentlig om en kvinne skal få gjøre som hun selv ønsker, eller om det finnes etiske vurderinger involvert som gir staten grunn til å bestemme over kvinnen og surrogatmammaen.

Friskole uten religiøst eller pedagogisk grunnlag: Det er lov å drive private skoler i Norge, men hvis skolen ønsker statlig støtte så er det kun enkelte typer skoler som kan komme i betraktning.

* Religiøse skoler

* Skoler med en spesiell pedagogisk retning

* Internasjonal profil

* Toppidrettsskoler

* Norsk grunnskoleopplæring i utlandet

* Tilrettelagt undervisning for funksjonshemmede

* Retning mot små og verneverdige håndverksfag.

Nyttårsraketter: Fra nyttår 2008/2009 er det forbud å selge og bruke raketter med styrepinne. Altså raketter som det går an å skyte opp i luften. Fyrverkerier som ligner på leketøy er også forbudt. Enkelte fyrverkerier er fremdeles lov, f eks fontener og effektbatterier. Grunnen for lovendringen er at rundt 100 personer blir skadet ved rakettoppskyting hvert nyttår. Det er en god gjerning at staten redder et antall personer fra skader, men hvor interessant er det egentlig å prøve å beskytte voksne mennesker fra å gjøre dumme greier? Hvor lang kan egentlig en slik liste bli? Er det riktig å trekke med seg alle tusenvis nordmenn som helt fint klarer å skyte opp en rakett uten å finne på noe tull?

Nattmatsforbud: Dette forbudet går ut på at kommunene selvstendig kan beslutte om når på døgnet mat og drikke skal få lov og selges. Enkelte kommuner har da funnet på at det kan være lurt å forby servering av varm mat etter at utestedene har stengt. Man håper da på at det ikke skal samles folk ved kiosker og kebabsjapper og lage bråk. I Oslo ble denne ordningen bare et par måneder gammel, før man kom frem til at det ikke var så lurt. I Skedsmo (Lillestrøm) og flere andre kommuner er forbudet fremdeles i bruk.

Brustadbu, helligdagsfred og åpningstidslov: Før 1985 var det mulig for kommunene å bestemme når butikkene skulle være åpne. Mange plasser ble det derfor praksis å stenge Kl 17 på hverdager. For å få mer moderne åpningstider som ikke forutsatte hjemmeværende koner som kunne handle på dagtid, vedtok man i 1985 den så kalte Åpningstidsloven. Da ble kommunene nødt til å la butikkene minimum være åpne mellom 06 og 20 på hverdager og mellom 06 og 18 dagen før søndag og helligdag.

En annen viktig ting er Brustadbua. Et slags lokale som har fått navn etter AP-politikeren Solveig Brustad. I 1997 la hun fram et lovforslag som gav butikker som selger daglig- og kioskvarer og har areal under 100 m2, rett å holde åpent på søndager. I 2003 ble så Åpningstidsloven fjernet, noe som innebar at det nå var fritt fram å holde åpent når som helst på hverdager. Dog finnes det fremdeles begrensninger for søndager og helligdager. Lov om helligdager og helligdagsfred sier blant annet at det er lov å holde åpent på søndager for Brustadbuer, utsalg på campingplasser, butikker i turistområder, butikker som selger planter og hageutstyr, husflid og suvenirer og bensinstasjoner med salgsflate under 150 m2. De siste tre søndagene før jul er det dog lov å ha åpent for alle slags butikker.

De senere år har det blitt vanlig at dagligvarebutikker har en stor butikk som er åpen mandag til lørdag og vegg i vegg en mindre butikk som kun er åpen søndager. I tillegg finnes det mange søndagsåpne Joker- og Bunnprisbutikker med liten nok salgsflate. Motstandere av søndagsåpne butikker har som hovedargument at mange flere da vil bli nødt til å jobbe på søndager i stedet for å være garantert en fri dag per uke. Dessuten finnes det krefter som mener at det er bra for mennesket å ha en dag fri fra stress og handel der man i stedet kan bruke tiden til å gå på tur eller gå i kirken. Det kan være greie sysselsettinger, men man må likevel konkludere med at vi faktisk alle rede har mange søndagsåpne butikker, om enn i mindre omfang og med lite gulvareal. Tanken på en dag i fred og ro er dermed bare en tanke. Ettersom vi allerede har en god del åpne butikker som er under 100 m2, spiller det kanskje ikke så stor rolle om vi også hadde åpne butikker som er over 100 m2.

Har du bodd i et sameie eller borettslag der det ikke er lov å vaske eller henge opp tøy på søndager? Da har du også kommet bort i den gamle norske tradisjonen med helligdagsfred. Tradisjonen har selvsagt kirkelig grunn. Tanken er at mennesket, les nordmannen, skal holde hviledagen hellig. Derfor finnes det også en spesiell lov for dette som sier at det skal være stille og fredelig på helligdager. Det er heller ikke lov å arrangere sportskonkurranser som tiltrekker stort publikum på helligdager før kl 13. Skal du gå på tippeligakamp må du altså vente til litt utover ettermiddagen. Det er sannsynligvis for at kampen ikke skal konkurrere med formiddagens gudstjeneste. Det er av en eller annen grunn heller ikke lov å fiske med not, nord for 62:e breddegrad på helligdager.

Snøscooter: I Sverige er snøscooteren allemannseie. I hvert fall i den nordlige delen av landet der det finnes nok snø. Den som har snøscooterkort kan kjøre scooter overalt der det finnes nok snø, med unntak for enkelte områder hvor det er restriksjoner. For eksempel i nasjonalparker. Hastigheten er begrenset til maks 70 Km/h. Det finnes også et nettverk av scooter-løyper for å styre trafikken.

I Norge er snøscooterkjøring for privat bruk stort sett forbudt. Loven gir imidlertid dispensasjon i bestemte tilfeller:

- I "Fiskeløypa" fra Daja til Moutke er det fri ferdsel fra 1. februar til 1. mai forutsatt at formålet med turen er fisking, og at de som kjører har løst fiskekort.
- Personer med varig bevegelseshemning kan søke om fri kjøring med scooter.
- Personer med et byggeløyve for bygging av hytte eller naust kan kjøre til og fra byggeplassen i tre år.
- Det kan ellers gis dispensasjon etter helt spesielle regler i spesielle tilfeller.

Så hvorfor finnes det over 100 000 snøscootere i Sverige som beveger seg fritt over store arealer, mens dette stort sett er forbudt i Norge? Hvordan kan forskjellen være så stor? Et aspekt går nok på måten man ser på individet i Nord-Sverige. Snøscooteren har alltid vært nordsvenskens svar på bilen. I hvert fall om vinteren. Så hvorfor skulle han ikke få lov til å kjøre scooter? Det ville ha vært latterlig å prøve å forby ham det. I Norge prøver man å rettferdiggjøre forbudet med forskjellige ting. Det går ut på at det blir slitasje i fjellheimen, at det blir mye eksos og støy, eller at man mener at folk burde gå på ski i stedet. Likevel er Norge et veldig stort land med store arealer der det er god plass for både dyr, kjøretøy og mennesker.

I 2013 ble det mulig for kommuner å søke om en prøveordning for snøscooterkjøring. Over 100 kommuner har søkt. Om det blir noen prøveordning kommende vintrer er enda ikke klart. Selvsagt er det ikke snakk om fri kjøring i fjell og natur. Hver kommune blir nødt til å opprette spesielle scootertraséer. Frifo, DNT, Naturvernforbundet, Oslo universitetssykehus og mange flere er kritiske til dette med å gi folk lov å kjøre scooter. Det blir for mye motorlyd i den stille naturen. Skiløperne får naturopplevelsen ødelagt. En alvorlig trussel mot det tradisjonelle norske friluftslivet, rett og slett. Dessuten en masse skadede og døde mennesker, mener talspersoner for store og betydningsfulle organisasjoner med hovedsete i Oslo. Litt sånn som det var den gangen skateboard ble forbudt på 70-tallet.

Strepsils: Dette er en halstablett som inneholder små kvantiteter av to forskjellige antiseptiske stoffer. Det er ikke lov å selge disse i Norge. Derfor har man funnet på en snillere variant for det norske markedet som heter Repsils. Det er innovativt!

Spill: Enkelte norske kjendiser er glade i å spille poker. Så glade at de deltar i de norske mesterskapene. Disse mesterskapene finner dog aldri sted i Norge. Kan det være fordi at pokermiljøet ønsker å vise seg i litt mer eksotiske eller fancy miljøer? Neida. Det har nok mest med det å gjøre at det ifølge Lotteriloven ikke er lov å spille om penger innenfor Norges grenser. Det kan gi fengsel i inntil 3 år. Det er dog lov å spille Bridge om penger under visse forutsetninger. Kasinovirksomhet er selvsagt heller ikke lov.

Spilleautomater, såkalte enarmede banditter, har funnets i Norge, av og til. Senest i 2007. Den gangen blant annet som en av de største inntektskildene til Norges Røde Kors. For tiden er det forbudt.

Det er dog mulig for nordmenn å spille på internett. Da er det utenlandske bedrifter som retter seg mot norske forbrukere. Noe som er vanskelig for norske myndigheter å stoppe.

Forbud mot farlige hunder: I Norge er det forbudt å holde, avle eller innføre farlige hunder, eller å innføre sæd eller embryo fra farlige hunder. Hunder av visse typer, og blandingsraser der en eller flere av disse er med, anses som farlige hunder, uansett blandingsforhold. Det gjelder Pitbull terrier, Amerikansk Staffordshire terrier, Fila brasileiro, Toso inu og Dogo argentino.

Som farlige hunder anses også hunder og hundetyper som er en blanding av hund og ulv, uansett blandingsforhold.

Kastrering av hund: Avhorning og kastrering er tillatt når det er nødvendig ut fra hensynet til dyrevelferd eller av andre særlige grunner. Det er altså ikke bare å bestemme seg for å kastrere hunden sin. Det må vurderes i hvert enkelt tilfelle. Eieren må kunne påvise at hunden trenger kastrering av sosiale eller medisinske grunner.

Reptiler: Det er forbudt å innføre, selge, kjøpe, gi bort, ta imot eller å holde som husdyr, selskapsdyr eller i fangenskap på annen måte fremmedartede eksotiske pattedyr, krypdyr, padder, frosk og salamander.

I de fleste land finnes det få restriksjoner mot å holde husdyr. I Norge er det stort sett ikke lov å holde andre husdyr enn hund, katt, ilder, kanin og hamsterlignende dyr. Det som spesielt har blitt debattert er forbudet mot krypdyr. Mange har interesse av å holde slanger som husdyr og det har vist seg at det til tross for det særnorske forbudet finnes en god del slanger i norske hjem.

Forbud mot reklame for lovlige produkter: Selv om en vare eller tjeneste er lovlig, er det ikke sikkert at det er lov å vise reklame for den. Etter tillatelse er det lov å skjenke drikker som inneholder alkohol, men det er ikke lov å lage reklame for de samme. Heller ikke for Tobakk. Det er heller ikke lov for politiske partier å vise reklame i TV.

Forbudte filmer: Gjennom årene har Medietilsynet vært flinke til å forby filmer. En kan tro at det for det meste dreier seg om filmer fra fortiden, men det er faktisk en lang rekke internasjonalt kjente filmer som har blitt forbudt i Norge de senere år. Det mest kjente eksempelet er Monty Pythons Life of Brian som tilsynelatende beskriver livet til Jesus på en morsom måte. Dette ble ikke likt av Medietilsynet som fryktet at religiøse mennesker ville ta det ille opp. Etter hvert ble dog forbudet hevet og filmen ble vist med en fortekst som sa at korsfestelse var en vanlig straff på den tiden. Dessuten ble en del ikke oversatt. Da kunne i hvert fall de som ikke var så gode i engelsk unngå å ergre seg.

Fra 2004 kan Medietilsynet kun forby filmer som viser feil slags vold og diverse seksuelle scener. Tidligere var grunnene ofte generelle. "Forvillende", "Villedende" og lignende. Staten kunne altså forby filmer som de av en eller annen grunn ikke likte.

Andre eksempeler er Highlander 2, Robocop 2, Miller's crossing, Fredag den 13:e 2, Hang'em high, The good, the bad and the ugly, For en neve dollar, Vill ungdom.

Forbudte bøker: Her er det fremfor alt seksualitet som har vært støtende og farlig.

Hans Jægers roman Fra Kristiania-Bohêmen ble beslaglagt og brent av myndighetene samme dag som den kom ut. Jæger ble i 1886 dømt av Høyesterett til 60 dagers fengsel, i tillegg til at han også mistet stillingen som stortingsstenograf. I 1887 ble Jæger igjen dømt til fengsel samt bøter av Høyesterett for å ha gitt ut romanen i Sverige.

Christian Krohgs bok *Albertine* ble beslaglagt dagen etter at den kom ut. Krohg ble av Høyesterett dømt til bøter og de beslaglagte bøkene ble brent.

Etter andre verdenskrig har to norske forfattere blitt dømt for bøker de har skrevet. Den første var Agnar Mykles bok *Sangen om den røde rubin* som kom ut i 1956. Boken ble forbudt i 1957 som en følge av seksualskildringene i den. Agnar Mykle og forlaget ble i juni 1958 frikjent i Høyesterett. Jens Bjørneboes bok *Uten en tråd* som kom ut i 1967 ble også forbudt. Forbudet ble senere opphevet.

Årsaken til forbudet var også her de seksuelle skildringene i boken.

NORSK MENTALITET

Et av bokens kjernespørsmål er hvorfor Ola Nordmann finner seg i alle disse forbudene, skattene og avgiftene? Hvorfor sier han ikke at nok er nok? At han ønsker å bruke mindre penger på landbrukssubsidier og mer penger på å lage hull i veier og skoler. Eller at også folk med litt lavere inntekt skal kunne kjøpe bra biler til en vettug pris. Eller at infrastruktur burde prioriteres.

I boken møter vi gang på gang Ola og Kari i rollen som snille, servile og fornøyde nordmenn som gladelig betaler avgift på skatt og gebyr på avgift. De kjører på dårlige veier i dyre biler og prøver å svømme i bassenger uten vann. Alt dette gjør de uten å beklage seg altfor mye. Vi har også konkludert med at slik er det bare. Av gammel tradisjon, eller muligens sløvhet. Eller kanskje fordi at man mener at Kongeriket Norge ikke går rundt hvis ikke alle trår til. Finnes det da noen grunn til å prøve å gå dypere inn i hvorfor det egentlig er slik? Er det ikke like så greit å la saken bero og bare akseptere at ganske mange nordmenn er fornøyde med ting slik de er. Ferdig med det. Det trenger ikke å ha noen annen grunn enn at det er slik det bare har blitt. Eller er det så enkelt at det ikke er helt greit å komme med kritikk. Da kan man i verste fall mistenkes for å være fremskrittspartist – det vil vi jo ikke være!

Man kan så klart la det være, men det er alltid moro å spekulere i hva årsakene til nordmennenes servilitet kan være. Selv om det er vanskelig å bevise, er det alltid gøy å prøve å forklare noe som egentlig kanskje er alt for komplisert å forklare. Det er dog ikke første gangen noen prøver seg på en lignende oppgave. Antropologer har gjort det i alle tider. Prøvd å definere norsk mentalitet og årsakene til den. Det skal vel vi også kunne klare!

Kultur og mentalitet er fenomener som forandres over tiden, men de som har skrevet om norsk identitet og mentalitet holder seg ofte ved et par ting som utmerker seg for nordmenn som folkeslag. En ting er at nordmenn er nasjonalister. Vi synes at dette med nasjonalstaten Norge er veldig viktig. En grunn til dette sies å være vår historiske ufrihet. Først under dansker i flere hundre år, deretter et snaut sekel med svensker. I tillegg fire lange år under tyskerne. Vi føler fremdeles at nasjonalstaten Norge er noe som angår oss, til tross for at 200 år har passert. På en måte føles det som at vi selv var med da de 112 mennene samlet seg på Eidsvoll i 1814 og la grunnlaget til en nasjon der likhet og demokrati skulle bli sentrale trekk.

Når det gjelder Norge og norskhet, kan vi vise til spesielle egenskaper som utmerker seg hos oss som nordmenn. For å kunne skille på det som er norsk og det som ikke er det, definerer vi oss selv og Norge som nasjon ut ifra en sammenligning med andre folk. Det kan være EU, USA, Sverige eller en innvandrergruppe. Vi kan da peke på en rekke tradisjoner, ritualer og atferd som er spesielle for nordmenn, men mindre vanlig i de andre gruppene. Det kan være enkle ting som bruk av bunad eller 17 mai-feiring. Eller mer sammensatte ting som måten å hilse på eller hva som regnes som høflighet. Når vi får besøk fra andre land vil vi gjerne vise frem det som vi synes er norsk og er stolte av. Stoltenberg ønsket gjerne å få med Obama på skitur i nordmarka den gangen han var her for å hente Fredsprisen. Ganske mange nordmenn fikk med seg at den gamle Formel1-mesteren Schumacher var uheldig nok til å havne i koma. Det var leit, men hvorfor var norsk media så opptatt av det? Det er vel mange kjendiser som havner i koma uten at vi bryr oss noe særlig om det. Forklaringen er at Schumacher er Norgesvenn. Han har hatt hytte i Trysil og var visstnok en habil skiløper. Det er veldig norsk.

En annen ting som antropologene har beskrevet, er at vi nordmenn også har stor tiltro til autoriteter. Det kan ha noe å gjøre med at da det moderne Norge ble dannet i 1814, føltes det som at de 112 mennene i Eidsvoll var mennesker vi kunne identifisere oss med. Enkle og greie mennesker som ønsket et fritt Norge. Derfor har vi fremdeles stor tro på at de folkevalgte drives av en genuin interesse av å tjene folket, mens man i mange andre land i lang tid har slått seg til ro med at politiker flest mener det motsatte - at folket er til for å gi politikerne gode inntekter og spennende og utviklende liv. I Norge stoler vi på at det finnes en ideell og god kraft bak politikernes engasjement. Vi har nok også tro på at media og journalister er ganske greie og nøktre mennesker som ønsker å rapportere om hva som skjer, heller enn å drive egen propaganda - noe som forekommer i en del andre land. Vi regner med at journalistene står på vår side, i tilfelle staten eller noen andre finner på noe altfor dumt.

Den positive troen på statsmakten, fungerer som en slags statsindividualisme, i den forstand at vi opplever oss selv som svært individualistiske og foretar selvstendige beslutninger, mens vi i virkeligheten er ganske påvirket av konformitet og retter oss etter et statsapparat som vet bedre enn vi.

En annen ting er at vi i stor utstrekning er et folk som fremdeles føler oss som bønder. Det er ikke mange generasjoner siden norske byer var svært små og folk flest bodde på et eller annet gårdsbruk eller fiskeleie. Dette husker vi så godt at vi fremdeles føler oss som utflyttede bønder. Selv om vi bor i byen har vi vanskelig å fullt ut tilpasse oss det urbane liv. Vi prøver å leve nær naturen og glemmer ikke vårt opphav. Det finnes neppe noen tommere by enn Oslo ved juletider og i påskeferien. Det er jo da innbyggene drar hjem dit de egentlig kommer fra. Enten fordi de fremdeles har gårdsbruket eller fordi at de har bygget seg en hytte et sted ute i naturen. Den urgamle odelsretten finnes fremdeles i lovboken og den bidrar også til å knytte folk til bygda.

Hvis det er slik at bygdementaliteten i en viss utstrekning lever kvar blant de som bor i byen, så innebærer det at enkelte verdier også er levende. Norge har tradisjonelt vært et land der likhet og måtehold har vært høyt skattede verdier. Norge har ikke hatt noen landadel. Vi har derfor ikke vært utsatt for føydalisme. Heller ikke for militarisme. Forekomsten av industriproletariat har også vært begrenset. Derfor er tanken på likhet, en verdi som lenge har vært levende og høyt vurdert. Vi nordmenn har altså en felles opprinnelse fra bygda, og den gangen var vi ganske så like i den forstand at mengden finere folk var begrenset. I stedet var folk flest alminnelige bønder. Enkle, likestillte og hyggelige mennesker rett og slett.

Når det kommer til måtehold, er også det en egenskap som har fulgt oss fra bygda og inn til byen. Enkelte kaller det puritanisme. Det går ut på at en ikke skal streve etter mer enn en trenger. Hvis man skal unne seg en belønning, må man i hvert fall først ha jobbet ordentlig hardt for å fortjene den. Det er også det gjengse bildet av lutheranisme, der bonden arbeider hardt, frykter Gud og hyller måteholdet. I begrepet puritanisme inngår også at man skal være forsiktig med å gjøre ting som egentlig er unødvendige. Det skal ikke være alt for mye fornøyelser og det man gjør bør være logisk og ha en mening. En handling skal helst ha en nytteverdi. Hvis man nødvendigvis må kjøre snøscooter skal det ikke gjøres bare som ren fornøyelse. Det innebærer jo sløsing med drivstoff og unødvendig slitasje på naturen. Dette med å kjøre skateboard, så myndighetene tidligere som helt unødvendig. Dessuten var det farlig og kunne føre til unødvendig belastning på helsesektoren. Dette med å være opptatt av forbruk er fremdeles et tema både blant journalister og folk flest. Det regnes som en god egenskap å snakke om hvor viktig det er å holde forbruket nede i en verden der naturens ressurser blir færre, samtidig som befolkningen bestandig øker. Dette blir selvsagt også et paradoks, ettersom vi samtidig er veldig opptatt av å henge med i den tekniske utviklingen. Vi kjøper PC, kamera og telefon med en gang det kommer ut nye produkter på markedet. I tillegg vil vi pusse opp, kjøpe hytter og dra på ferie så langt bort som mulig. Dette med at vi gjerne snakker om å være miljøvennelig og ikke slite på klodens endelige ressurser, er nok noe som vi synes det er hyggelig å akkurat snakke om. Det er sjelden noe vi ønsker å gjøre i praksis. For å lindre sin samvittighet kan sikkert den som kjører i nyinnkjøpt SUV, vise til at brenselforbruket for SUVen faktisk er lavere nå enn for 10 år siden. Hvis man ser bort fra at det nok ikke var en SUV man kjørte den gangen.

Den som vil være slem mener kanskje at vi også har tatt med oss Janteloven inn til byen og at det er Janteloven måteholdet og likheten egentlig refererer til. Vi skal ikke hevde oss og tro at vi er bedre enn andre. Det kan ligge noe i det. Nordmenn er verken kjent for å være spesielt høflige eller inkluderende i forhold til mennesker man ikke kjenner. For å nærme seg en nordmann, må man egentlig ha en god grunn. Det er ikke alltid greit å snakke med fremmede om ingenting. Naboen snakker vi kanskje heller ikke så veldig mye med. Derimot holder vi øye med hva han driver med. Vi forventer oss at han ikke skal hevde seg. I stedet skal han oppføre seg omtrent som oss selve, det vil si være passe måteholden og ikke sløse altfor mye. I hvert fall ikke med felles ressurser.

Hva er da sammenhengen mellom nasjonalisme, likhet, måtehold og sterk tiltro til staten? Jeg vil si at disse tingene henger sammen og derfor til viss del kan forklare hvorfor Ola Nordmann er så fornøyd med at stat og kommune beviselig roter bort deler av Norges store BNP og at staten er flink til å finne på diverse unødvendige reguleringer og forbud. Forklaringen er at Ola Nordmann ser Norge som et homogent og samlet land der alle innbyggere og all landoverflate lever i symbiose. Hvis menneskene eller naturen ikke har det helt bra, påvirker det også dem som i utgangspunktet har det helt fint. Derfor er det viktig at hvis statsbudsjettet svekkes med 10 milliarder, må det komme inn 10 nye milliarder et annet sted, ellers går ikke regnestykket opp. Se det som en metafor der landet Norge er en menneskekropp. Hvis du kutter to fingrer, er kroppen ikke lenger hel. Hele kroppen er svekket og blir ikke frisk før de to fingrene har blitt erstattet. Samme sak er det med alle de rare forbudene som staten finner på. For kroppen Norge fungerer forbudene som sikkerhetstiltak. Hvis vi hindrer et antall innbyggere fra å gjøre dumme eller skadelige ting, blir hele samfunnskroppen sunnere og friskere. I et land med sterk nasjonalfølelse henger alt sammen. Hvis noen lider, føler de øvrige i fellesskapet seg heller ikke helt bra. Slik er det også når noen foreslår at vi skal selge en norsk bedrift til et multinasjonalt selskap, eller hvis staten selger ut mark og eiendeler. Det føles feil ettersom fellesskapet svekkes.

Selv om vi tidligere har sagt at nordmannen ikke er særlig interessert i interaksjon med naboene, er han likevel opptatt av hva naboene driver med. Hvis de finner på dumme ting og bryter mot reglene, kan det faktisk føre til økte kostnader for staten. Noe som andre får lide for. Da nordmenn i stor utstrekning bekymrer seg for hvordan det går med Moder Norge og dets innbyggere, blir det også naturlig å mene at det staten og politikerne har å si, er ting som er å stole på. De er greie og kyndige personer som vil nasjonalstaten og innbyggene vel. Derfor blir det viktig å følge påbud og forbud uten å knote alt for mye. Viktigst er det at nasjonalstaten og økonomien ikke svekkes mer enn nødvendig.

Som en motpol kan individer i land der man bryr seg mindre om nasjonalstatens velvære nevnes. Der ser man seg mer som selvstendige individer eller grupper som ikke er spesielt opptatt av hvordan det går med de som lever i samme land. I stedet relaterer man seg heller til klanen eller den religiøse gruppen. Eller simpelthen til seg selv, fordi at nasjonalstaten oppleves som noe sekundært og mindre viktig.

ET LAND SOM GÅTT AV MED PENSJON

Helt til slutt kan vi konkludere med at Norge er et land som ikke er glad for å ta de helt store utfordringene. Vi er fornøyde med det vi har, her og nå. Derfor er det viktig å forvalte kapitalen og passe på at den ikke forringes. Vi tar ingen unødvendig risiko. Vi sitter heller stille i båten. Det er på en måte som om vi har gått av med pensjon. En litt forsiktig, men passe oppegående pensjonist som gjerne ser OL på TV, men som ikke selv drister seg til å være med i arrangørstaben. Når det gjelder økonomi, er det mange som tror at Norge fortsatt vil være et land med høyere kostnadsnivå enn andre land. Vi vil også fortsette å investere i omtrent samme lave grad som hittil. For innbyggene vil det fortsatt bli høye skatter og høye avgifter, uansett farge på regjering. Noe som til en viss grad kan kompenseres av fortsatt høye inntekter. For et land som sitter stille i båten og samtidlig har tunge avgifter og lave investeringer, er faren at landet etter en eventuell nedgangstid står igjen med dårlig infrastruktur, dårlig vedlikeholdte offentlige bygg og ineffektiv offentlig sektor. Et fallende oljepris kan enten tvinge frem satsninger på vei og infrastruktur som et ledd i å hindre arbeidsledighet, eller føre til at politikerne holder enda hardere i pengesekken enn før.

Har vi da lært oss nye nytt i denne boken som vi ikke visste fra før? Kanskje. De nedenstående punktene er i hvert fall ting som stikker seg ut og sjeldent blir diskutert i tradisjonell media.

1. Norske forbrukere har ikke tykkest lommebok og er ikke rikest i verden likevel.

2. Enkelte avgifter er så store at de påvirker konsumpsjonsmønstrene. Dette gjør det vanskelig for nordmenn med lav inntekt.
3. Det finnes en ganske stor gruppe husholdninger med lav inntekt som svært sjeldent får oppmerksomhet. Middelklassen dominerer media og samfunnslivet fullstendig.
4. Landbrukspolitikken fører til dobbelt så høye matpriser, sammenlignet med EU.
5. Til tross for at landbruksvarer er pålagt toll, finnes det ytterligere to forskjellige avgiftsslag på landbruksprodukter. Både for de som er importert og for de som er produsert i Norge.
6. Det finnes land som investerer til tross for at de ikke har spart penger i fond.
7. Det finnes land som investerer til tross for at de ikke har ledig kapasitet i økonomien.
8. Ola og Kari stoler på at staten vet best. Det kommer seg av at Norge har en befolkning som ser på landet og innbyggene som en helhet som jobber mot felles målsetninger.